La Synergologie

Données de catalogage avant publication (Canada)

Turchet, Philippe

  La synergologie

    1. Langage du corps.   2. Communication non verbale.   3. Expression corporelle.   I. Titre. II. Titre : La synergologie, ou, Le corps dans tous ses états.

BF637.N66T87   2000   153.6'9   C00-940778-2

Conception graphique : Frédéric Gauthier
Photo : Frédéric Gauthier
Assistance technique : Patrick Carle

http://www.synergologie.com
Développement informatique : Patrick Carle

Animation
Conception et réalisation du personnage « Syner » :
Gregory Beaussart

DISTRIBUTEURS EXCLUSIFS:

• Pour le Canada et
les États-Unis:
MESSAGERIES ADP*
955, rue Amherst
Montréal, Québec
H2L 3K4
Tél.: (514) 523-1182
Télécopieur: (514) 939-0406
* Filiale de Sogides ltée

• Pour la France et
les autres pays:
HAVAS SERVICES
Immeuble Paryseine, 3, Allée de la Seine
94854 Ivry Cedex
Tél.: 01 49 59 11 89/91
Télécopieur: 01 49 59 11 96
Commandes: Tél.: 02 38 32 71 00
         Télécopieur: 02 38 32 71 28

• Pour la Suisse:
DIFFUSION: HAVAS SERVICES SUISSE
Case postale 69 - 1701 Fribourg - Suisse
Tél.: (41-26) 460-80-60
Télécopieur: (41-26) 460-80-68
Internet: www.havas.ch
Email: office@havas.ch
DISTRIBUTION: OLF SA
Z.I. 3, Corminbœuf
Case postale 1061
CH-1701 FRIBOURG
Commandes: Tél.: (41-26) 467-53-33
         Télécopieur: (41-26) 467-54-66

• Pour la Belgique et le Luxembourg:
PRESSES DE BELGIQUE S.A.
Boulevard de l'Europe 117
B-1301 Wavre
Tél.: (010) 42-03-20
Télécopieur: (010) 41-20-24

Pour en savoir davantage sur nos publications,
visitez notre site: **www.edhomme.com**
Autres sites à visiter: www.edjour.com · www.edtypo.com
www.edvlb.com · www.edhexagone.com · www.edutilis.com

Dépôt légal: 2ᵉ trimestre 2000
Bibliothèque nationale du Québec

ISBN 2-7619-1576-3

PHILIPPE TURCHET

La Synergologie

Pour comprendre
son interlocuteur
à travers sa gestuelle

À tous ceux qui m'ont accompagné et soutenu.

Note de l'auteur

Je suis particulièrement redevable aux divers courants de l'école de Palo Alto pour la lecture nouvelle des attitudes individuelles qu'ils proposent à la communauté.

Je tiens également à remercier les frères Lumière, initiateurs lointains du processus vidéo, sans lesquels je n'aurais sans doute jamais pu contrôler mes intuitions. Enfin, je tiens à souligner que les nombreux échanges entretenus avec des collègues et amis biologistes ont sans doute davantage imprimé mon inconscient que ce qu'en témoigneront ces pages.

La difficulté majeure de mon travail a donc été de traduire une cohérence commune, là où des chercheurs venus d'horizons différents découvraient, dans le giron de leurs disciplines propres, les éléments d'un puzzle interdisciplinaire.

J'espère simplement que la collectivité trouvera dans les traces que je lui propose matière à un sillon fertile.

Avant-propos

Ce livre est bâti en trois parties bien distinctes, qu'on peut lire indépendamment les unes des autres.

Un certain nombre d'hypothèses théoriques sont étayées, avant d'être illustrées. Si les parties sont distinctes, il semble cependant dangereux de s'engager trop vite dans la deuxième moitié de l'ouvrage, incontestablement plus ludique. En effet, le principal obstacle sur lequel bute la lecture quotidienne du langage du corps tient justement dans la réduction que nous faisons subir à ce que nous voyons. J'ai d'ailleurs failli renoncer plusieurs fois, lors de l'écriture de l'ouvrage, tant l'écueil de la vulgarisation paraissait important. En même temps, c'était faire trop peu de cas de la capacité de discernement du lecteur à l'heure de mettre en pratique le contenu de ce livre ; car cet ouvrage est avant tout un manuel pratique.

Nous vous souhaitons une bonne lecture.

« *Dans les choses, il y a deux principes fondamentaux : les mots qui peuvent transformer le monde et le monde qui n'a rien à voir avec les mots.* »

Mishima

PREMIÈRE PARTIE

LES CLÉS D'UNE LECTURE SYNERGOLOGIQUE

« … *les roues, les ressorts, les mouvements sont cachés : rien ne paraît d'une montre que son aiguille, qui insensiblement s'avance et achève son tour : image du courtisan.* »

Jean de La Bruyère

« *Dans chaque individu, chaque instant a sa physionomie, son expression.* »

Diderot, Essais sur la peinture, *1795*

En chaque être humain, deux profils se disputent la superbe de l'harmonie ; un visage brut, instinctif, pulsionnel, sensuel, qui s'harmonise ou se déchire au gré des personnalités avec son autre face, éduquée, raffinée, conditionnée. D'une main, l'homme s'autorise ce que son autre main censure. Il voudrait dire qu'il aime et il le cache. Il déteste en silence tandis que de sa voix sortent des paroles policées et calmes.

Ses deux profils se protègent ainsi l'un l'autre, pour que l'être humain puisse réussir et investir dans le monde sa part d'humanité. L'homme dit une chose alors qu'il en pense une autre. Il dit une chose pour finalement en faire une autre. Dans sa bouche parle la raison du groupe, pendant que dans son corps et ses viscères une petite voix intérieure l'amène à agir en contradiction avec cette voix sérieuse et policée. Les pieds pris dans la contradiction entre ses désirs et la réalité, l'homme n'a très souvent le choix qu'entre deux pis-aller : le mensonge à lui-même, c'est la voie de la mauvaise foi ; et le travestissement de ses actes, c'est alors la voie du mensonge aux autres. Mensonge à soi-même ou mensonge aux autres, l'homme en action endosse la parure du travestissement ; c'est la particularité de son comportement.

Pourtant, l'homme ne travestit pas la vérité par vocation. Il ment parce que les contradictions vivent en lui de manière insoluble. Il travestit pour continuer à être admiré et cherche des justifications à ses plus petites inconduites. Mais si ses mots sont polis et policés, les réactions du corps expriment et trahissent l'expression des désirs. Écoutons pour comprendre ce qu'il faut regarder, car **si les mots s'entendent, le corps s'écoute.**

« *Avouer que le mensonge est une condition vitale, c'est là certes s'opposer de dangereuse façon aux évaluations habituelles, et il suffirait à une philosophie de l'oser pour se placer ainsi par delà le bien et le mal.* »

Nietzsche, Par delà le bien et le mal

CHAPITRE 1

L'HOMME POSITIVE SES FAIBLESSES, C'EST SA PRINCIPALE FORCE

La naissance et le développement du cerveau de l'être humain, sa supériorité sur les autres espèces, le sens de l'organisation de l'homme, s'expliquent en grande partie par la mise en place de processus de collaboration très élaborés. Dans ce contexte, tout prête à penser qu'un instinct grégaire très fort pousse les hommes à se rapprocher les uns des autres. Or ce serait oublier que l'homme est un être policé qui, au nom d'impératifs de réussite personnelle, sait aussi très bien, au besoin, se couper de ses proches. L'homme va vers les autres et pourtant, hormis peut-être dans son intimité la plus grande, lorsque l'autre devient consubstantiel à lui, jamais il ne se laisse aller.

À sa naissance, le petit d'homme montre par ses cris qu'il est sincère, spontané, naturel. Ces trois qualités sont celles de l'être humain libre. Le travail de l'éducation consiste à mettre des filtres sur ces trois qualités pour rendre l'adulte **efficace**. Il serait vain de comprendre pourquoi nos corps sont parfois si mal à l'aise par rapport à nos discours, tant que nous n'aurons pas compris à quel point ces filtres sont puissants.

Les filtres de la sincérité

« Le rire est le propre de l'homme. » La formule est belle et elle a fait le tour de la planète. Le rire fondait la supériorité de l'homme sur sa capacité à prendre de la distance sur les choses pour en rire. Mais le rire fondait du même coup l'autre particularité de l'homme : le mensonge. Si l'homme prend de la distance et rit, il peut également alors prendre du recul sur son existence et mentir. Chaque fois que l'homme refuse le contexte, il peut éprouver le désir de substituer à la vérité du contexte, la vérité qu'il fabrique. Il apprend à mentir aux autres, il arrive également qu'il se mente à lui-même.

L'homme est ainsi la seule espèce vivante sur terre à avoir intégré le filtre du mensonge à l'ordre de ses nécessités quotidiennes et à être capable de mentir « naturellement » aussi souvent qu'il lui est nécessaire. L'homme travestit la réalité lorsque ses petites faiblesses l'empêchent de ressembler à l'image de l'homme parfait qu'il s'était forgée ; il invente et construit jour après jour les bonnes raisons qui fondent sa mauvaise foi et lui permettent de jongler avec une réalité parfois difficile à vivre. Faute de pouvoir être un dieu de perfection, être de chair et de sang, il se satisfait de la vérité qu'il invente petit à petit, mensonge après mensonge, pour continuer à vivre avec ses semblables[1].

Cependant, « heureusement » devrions-nous dire, le mensonge laisse des traces dans la conscience. L'homme qui ment triche et ses petites ou grosses tricheries nécessaires révèlent son ambivalence. L'homme ment, mais il a une conscience claire de ce mensonge et pendant qu'il parle et triche ou transforme la réalité de faits, une part de lui oubliée, moins bien disciplinée, ne ment pas : son corps ou plus exactement les microgestes de son corps. Son discours dissimule le mensonge, mais le corps parle, lui, et nous dit ce que cachent les mots.

Le mensonge apparaît ainsi comme une certitude nécessaire, et pourtant... et pourtant, nos éducations, qu'elles aient été modelées par des préceptes religieux ou non, ont toutes en commun le bannissement du mensonge. Les projets éducatifs, aussi divers soient-ils, sont tous conçus à partir des mots de « droiture » et de « rectitude » ; « l'honnête homme » traverse les siècles, indémodable. Comment, dans ces conditions, penser que l'homme puisse être menteur ?

Simplement parce que notre société si respectueuse des valeurs morales est en même temps bâtie sur d'immenses mensonges sans lesquels l'édifice social tout entier s'écroulerait. Parmi ceux-ci, le principal est certainement *le mensonge de survalorisation*.

Le mensonge de survalorisation

Le mensonge de survalorisation est pour chacun d'entre nous un passage obligé dans notre affirmation d'identité, d'êtres humains socialisés. La réussite sociale implique de se mettre en marche pour réussir socialement, et pour parvenir à réussir socialement chacun se projette dans l'état de ce qu'il espère devenir. Vous espérez un poste supérieur au vôtre dans une entreprise ; votre discours, si vous voulez faire l'unanimité, sera celui de l'homme supérieur que vous n'êtes pas encore, sous peine de déchoir. On vous demande si vous vous sentez capable d'occuper la fonction à laquelle vous postulez et d'effectuer des tâches que vous n'avez jamais effectuées jusque-là. La plus élémentaire honnêteté consisterait à dire que vous n'en savez rien parce que vous n'avez jamais occupé un tel poste ; mais vous savez aussi que si vous dites cela, vous serez plus difficilement promu, alors vous faites un mensonge de survalorisation, en expliquant que vous êtes l'homme de la tâche nouvelle qui vous attend. Pour sa part, votre interlocuteur, votre *curriculum vitæ* sous les yeux, sait, lui aussi, que vous n'avez jamais occupé la fonction qu'il vous propose, mais parce qu'il croit en vous, il préfère écouter vos certitudes que l'énonciation de vos points faibles. Il sait que vous êtes en train de lui faire un mensonge de survalorisation, mais il postule que si vous êtes capable d'un tel mensonge, c'est que vous êtes également capable de vous projeter dans votre nouvelle situation; vous êtes donc l'homme de la situation.

C'est le monde dans lequel nous vivons qui nous a mis dans l'impasse, en nous plaçant devant une alternative difficile. Nous sommes, pour chacune de nos actions, amenés à choisir entre l'honnêteté qui nous enjoint avec humilité de ne pas nous mettre en avant, parce que fondamentalement *nous sommes ce que nous sommes*, et l'objectif de la réussite personnelle qui nous oblige à expliquer aux autres *que nous valons mieux que ce que nous sommes*.

Le mensonge de survalorisation est l'essence même du système social. Il donne tout son sens au principe de réussite sociale. La réussite programmée en nous dès notre plus jeune âge passe par une programmation de notre image projetée vers l'être supérieur que nous désirons devenir, que nous tendons à devenir, mais que nous ne sommes pas encore.

La frénésie de consommation n'est fondée sur rien d'autre que la promotion de l'image. L'être humain s'endette pour que les autres aient le sentiment qu'il est ce qu'il a l'air d'être. Il ment à son carnet de chèques comme il ment à ses meilleurs amis pour répondre aux vertus de cette société de l'image. Joan Harvey et Cynthia Katz, deux sociologues américaines, ont mis le doigt sur ce qu'elles appellent le « complexe de l'imposteur ». Selon elles, études à l'appui, plus un homme accède à une position importante dans la hiérarchie sociale et plus il est angoissé parce qu'il estime occuper un poste qu'il ne mérite pas d'occuper[2].

Les adeptes du développement personnel défenseurs de la pensée positive expriment encore en d'autres termes cette idée simple qu'il est nécessaire de précéder mentalement la réussite pour parvenir à l'inspirer. Il faut être cette grenouille qui s'était faite aussi grosse que le bœuf[3].

L'homme se survalorise, il traite sa promotion sociale comme les spécialistes de *body building* traitent leurs muscles, et ce mensonge de survalorisation permet à chacun « d'être quelqu'un ». L'homme est simplement confronté à des situations dans lesquelles, pour tirer son épingle du jeu, dans l'arsenal des moyens dont il dispose, il se livre à la survalorisation de ce qu'il représente.

L'homme ment, mais comme nécessité fait loi, personne, dans les limites « raisonnables » de ce mensonge, ne saurait lui en faire grief.

Outre le mensonge de survalorisation, l'homme dispose encore pour sa survie sociale de deux autres armes particulièrement efficaces : *le mensonge d'acquiescement* et *le mensonge par omission*.

Le mensonge d'acquiescement

Dans la panoplie du gagneur, l'être humain dispose d'une autre arme aussi répréhensible par la morale que le mensonge de survalorisation et possédant le même label de consécration sociale : le mensonge d'acquiescement.

Ce mensonge social consiste, lorsque vous êtes en groupe ou en conversation avec un interlocuteur, à ne jamais contredire votre vis-à-vis, s'il vous semble que la qualité de vos rapports pourrait souffrir de cette contradiction. Vous pouvez par exemple écouter les propos extrémistes de votre garagiste ou de votre belle-mère et faire « comme si » vous ne les aviez pas entendus. Vous provoquez un acquiescement tacite. Vous vous dites alors que ce garagiste possède le seul garage à dix kilomètres à la ronde, que votre belle-mère est et restera votre belle-mère, qu'il semble inutile de se fâcher avec eux, parce que quoi qu'il en soit, vous ne modifierez pas leur opinion. Mieux vaut se taire et renoncer à une idée généreuse, plutôt que d'être obligé de perdre son garagiste ; mieux vaut acquiescer aux propos extrémistes d'une belle-mère irascible que de risquer de se trouver fâché avec toute une partie de sa famille. Bref, vous vous dites que « le jeu n'en vaut pas la chandelle[4] ».

Le mensonge d'acquiescement risque de se produire chaque fois que la stabilité de la situation est préférable à sa modification au nom de motifs qui appartiennent à chacun d'entre nous. Ce mensonge est un mensonge de lâcheté, mais en même temps, pris en flagrant délit de mensonge d'acquiescement, chacun d'entre nous sait défendre ce mensonge avec une logique si irréfutable qu'il semble alors prendre tout à coup un caractère d'absolue nécessité. Nous expliquons à autrui que nous ne pouvions pas faire autrement. De leur côté, nos proches comprennent très bien que nous ayons agi comme nous l'avons fait. Ils comprennent notre mensonge, ils l'excusent, ils l'expliquent, bref ils légitiment une certaine forme d'hypocrisie, et ce simplement parce qu'ils sont bien élevés !

Dans l'éventail des petites lâchetés quotidiennes qui aident un homme à être un homme, une femme à être une femme, mais leur ôtent à tout jamais l'espérance d'une perfection possible, il existe encore un mensonge social très répandu, parce que là encore facile à organiser : *le mensonge par omission*.

Le mensonge par omission

Il est la dernière catégorie de mensonge social admis. Il est une variation de la catégorie du mensonge précédent. Il fait partie de ces petits mensonges apparemment sans importance qui nous entraînent à travestir la réalité en ne la livrant pas de façon exhaustive.

Vous expliquez par exemple qu'hier vous êtes rentré tard chez vous en omettant de dire avec qui vous étiez. Vous ne mentez pas tout à fait, mais l'oubli d'un élément d'explication fait que la réalité des choses est dénaturée et que la vérité s'est perdue en chemin. Vous réalisez une transaction professionnelle et vous rentrez triomphant, fier d'expliquer aux autres tout ce que vous êtes parvenu à obtenir dans la négociation. Vous négligez simplement de dire ce que cette négociation vous a coûté en contrepartie.

Le mensonge par omission vous permet d'avoir la superbe que vous perdriez très vite si vous étiez vraiment honnête avec la réalité, mais c'est plus fort que vous... Le menteur est intelligent ! et comme bien souvent on loue davantage l'intelligence du menteur qu'on dénonce son mensonge, les menteurs ont encore de beaux jours devant eux.

Qu'il est profond l'océan franchi entre les bonnes résolutions de l'enfant à qui l'on apprend la franchise et l'âge adulte pour lequel la débrouillardise légitime toutes les inconduites, toutes les inconstances !

Mais la *conscience* dans tout ça ? a-t-on bien souvent envie de répondre. N'est-ce pas son devoir de punir l'inconduite en nous assénant le remords chaque fois que nous agissons mal ?

Là encore, que de chemin parcouru depuis les théories de l'éducation jusqu'à la pratique quotidienne.

Les filtres de la spontanéité

Certes, jusque-là l'homme civilisé ne pouvait donc plus être complètement sincère, mais il pouvait, à tout prendre, être spontané et nous laisser croire qu'avec la fraîcheur de la spontanéité, une certaine vérité des rapports humains n'était pas hors de portée. Seulement, pour cela il fallait que l'être humain ait cru à la force rédemptrice des sentiments humains. Or l'éducation détourne l'homme de ses sentiments aussi sûrement que le barrage détourne le cours du fleuve. Les sentiments sont en effet désignés comme des marques de faiblesse indélébiles. L'homme sensible « a les nerfs malades », n'en doutons pas.

Le remords asséné par la conscience de chacun sur les mensonges de réussite n'a d'effet que si l'être humain croit à l'impact de ses sentiments sur sa conduite. Or il s'avère que les sentiments que nous appelons aussi communément « les grands sentiments », sous-entendant qu'ils sont trop « grands » (pour être honnêtes), sont traités avec beaucoup trop de suspicion par l'être humain. L'*homo erectus* est très sérieusement prié de laisser son cœur de côté au moment de prendre des décisions importantes et de devenir un *homo œconomicus* hybride, autrement plus acceptable. D'ailleurs « le cœur a ses raisons que la raison ne connaît point » ; il faut donc ne plus craindre de se méfier de son cœur.

Pour le commun des mortels, les larmes montrent nos faiblesses, et le rire est très souvent déplacé. Bref, l'homme socialement le plus présentable est celui qui a réussi à gommer ses dernières scories primitives, c'est-à-dire les pulsions qui surnagent dans les sentiments. « Le beau ténébreux », « la belle indifférente » sont inaccessibles. Proches de la froideur du robot, ils sont semblables à James Bond qui conquiert et ne succombe jamais. Ils sont les fruits idolâtres d'une société aseptisée.

L'être humain rationnel doit savoir cacher ses sentiments comme il doit savoir se cacher. L'éducation l'aide dans ce travail de cachotterie dès sa petite enfance, en l'aidant à cacher son corps. L'homme apprend à s'habiller. Plus tard, il apprendra à cacher sa « vie privée », « intime » à son milieu : « On ne raconte pas ce qui se passe à la maison ! » lui soufflera-t-on dans l'oreille lorsque, enfant, il rentre triomphant, fier d'avoir appris le premier à toute l'école que papa venait de toucher l'héritage de papy. L'homme apprend à cacher ses sentiments. Ils seront son talon d'Achille, dans une société où ils sont lus comme des faiblesses[5].

L'homme fort est décrit comme un homme de marbre dont il possède le caractère lisse ; il est sans aspérités, sans faiblesses. Dans nos imaginaires sans nuances, la faible femme laisse souvent couler ses larmes, la femme de caractère rarement, l'homme jamais. Notre éducation nous éduque, nous discipline et nous apprend à nous cacher. Notre langage, nos mots sont le terrain de notre infidélité à la vérité. Il est normal de « cacher ses sentiments ».

L'homme travestit la vérité ; c'est le premier filtre qui coupe les êtres les uns des autres. Ensuite, il se méfie de ses sentiments et met des barrières à sa spontanéité ; c'est son deuxième filtre face au « laisser-aller ». Enfin, autour du naturel, notre éducation place son dernier barrage filtrant : le filtre des a priori. La dernière estocade est portée : l'homme sera définitivement un être social.

Les filtres du naturel

L'homme est menteur par devoir, il se méfie de ses sentiments par rigueur. Ces filtres nous laissent penser qu'au moins lorsque l'homme fait le choix de la relation humaine, il le fait librement et sans a priori. L'expérience nous montre que là encore, les choix humains sont moins simples.

L'homme rencontre l'autre et face à lui, alors qu'il ne le connaît pas et le découvre à peine, qu'il devrait aller vers lui vierge de pensées et espérer rencontrer son alter ego, il est arrêté dans sa démarche consensuelle par le filtre des a priori, alors que l'échange n'est pas encore engagé. Mais revenons un peu sur la généalogie de cette manière d'être[6].

Nos a priori ne sont pas toujours complètement négatifs. Bien au contraire, ils nous permettent de vivre ; mieux, nos a priori nous sauvent la vie tous les jours. Vous êtes piéton, le feu passe au rouge ; c'est parce qu' « a priori », vous pensez qu'une voiture risque de passer alors que vous vous apprêtez à traverser que vous attendez patiemment le feu vert sur votre trottoir. Vous avez envie de vous baigner, mais vous ne plongez pas dans l'eau, parce qu' « a priori » cette eau doit être glacée : vous préférez mouiller votre nuque.

Ces a priori, qu'ils soient innés ou fondés sur l'expérience, sont si évidents que nous ne songeons pas une seule seconde à les remettre en question. Ces « a priori », préjugés sur lesquels depuis Emmanuel Kant et sa *Critique de la raison pure* toute la lumière semble être jetée, modèlent toute notre vie, et c'est grâce à eux que nous nous fermons pour défendre notre intégrité. Mais de ces a priori qui nous permettent de nous adapter à notre environnement et de produire des comportements efficients, l'homme a glissé vers une série d'a priori très différents.

L'a priori de l'homme est devenu fondamentalement différent de celui de l'animal, simplement parce que l'homme a la capacité de former des idées et donc de formuler des jugements. Lorsque l'homme rencontre un autre homme, la forme des traits de l'autre, la longueur de ses cheveux, l'intonation et le timbre de sa voix, son apparence vestimentaire,... fonctionnent comme facteurs de jugement et rendent impossible toute objectivité ; la relation humaine est tronquée. Vous êtes face à un interlocuteur, il est face à vous ; vous n'avez pas encore ouvert la bouche l'un l'autre et vous êtes déjà prêts à vous cacher, tout cela parce que des a priori somme toute inconscients orientent vos pensées. « Il est trop beau pour être honnête » ; « il a les cheveux trop longs pour être rigoureux » ; « il a les cheveux trop courts pour avoir les idées larges » ; « il est trop mal habillé pour avoir une bonne éducation », « il a les ongles sales », « il ne me dit rien qui vaille »...

Ces a priori cloisonnent notre existence et nous empêchent d'être authentiques. Nous sommes confrontés chaque jour à des hommes que « nous ne sentons pas » et à qui par conséquent nous ne disons pas tout. Il arrive même que nous nous sentions tenus de nous protéger, parce que nos a priori nous enjoignent de mettre des barrières entre nous et les autres. Alors nous mentons, de ces petits mensonges sans importance qui aident l'homme à prendre de l'importance.

Notre souci ici n'est pas de porter un jugement sur les tricheries occasionnées par la légitimation du mensonge, le masque des sentiments ou le triomphe d'a priori moraux pas toujours défendables. L'homme peut mentir en toute conscience. Cette démarche est banale, admise ; elle a depuis longtemps reçu toutes les intronisations nécessaires, laïques ou religieuses, même si tous s'en défendent.

Simplement, lorsque l'homme travestit la vérité, il n'est jamais pleinement à l'aise. Or, ses mains, son corps n'ont pas, eux, subi la discipline rhétorique de la cachotterie. Ils ont été rapidement exclus de l'éducation. Les mains, le corps, n'ont pas été soumis à l'examen de la logique ; ils sont pourtant le sous-texte des paroles.

> Le langage du corps renforce ordinairement
> le poids des mots,
> mais il arrive aussi que le sous-texte contredise
> le texte.
> C'est le domaine de la synergologie.

Un antidote au mensonge : le filtre synergologique

L'être humain est bon mais à force de se cacher, il perd sa pureté originelle pour devenir « efficace ». Les filtres de l'homme masquent sa pensée, la transforment à l'insu des autres le plus souvent, à son propre insu parfois. L'être humain se cache en falsifiant son apparence. Pourtant, dans son for intérieur, la réalité de ses désirs subsiste. Ses doutes et ses envies s'expriment à plein dans son cerveau. Au-delà de ses conditionnements, l'être de désir enfoui au cœur de chacun d'entre nous exprime par tous les pores de sa peau ce qu'il met tant d'ingéniosité à masquer avec les mots.

Les lapsus mis à jour depuis Sigmund Freud[7] n'expriment rien d'autre que nos désirs enfouis, réapparus bien malgré nous, au détour d'une parole mal contrôlée.

Née du constat de désaccord existant en l'homme entre ce qu'il est et ce qu'il voudrait être ou, mieux encore, entre ce qu'il est et ce qu'il montre, l'approche synergologique est une approche sensuelle qui travaille sur les méandres du corps qu'elle détaille attentivement, pour essayer de retrouver l'harmonie que l'homme met tant d'ingéniosité à troubler à grands coups de filtres mentaux déformants. Le synergologue observe le décalage entre le langage des mots et le langage du corps, appelé également langage non verbal. Il tente ainsi de remédier à l'impasse du discours en enfermant son regard dans le corps de l'interlocuteur, qu'il scrute, « l'air de rien ».

Pour le synergologue, les hommes ne se parlent pas pour « dire », mais pour projeter à l'autre une image d'eux, satisfaisante. Et dans ce monde de l'image, dans lequel le paraître prend complètement le pas sur l'être, les mots sont le vecteur principal de la tromperie par l'apparence. Ils permettent de projeter une image efficace de nous-mêmes ; c'est très souvent leur principal intérêt.

Pour le synergologue, derrière sa gestuelle, l'interlocuteur devient translucide. Il examine le corps de celui-ci, pour essayer de retrouver la limpidité de son expression derrière le prisme déformant de pensées où se sont fixés des objectifs « humains trop humains ». Il cherche à retrouver la limpidité des émotions derrière les gestes qui les expriment.

Simples et simplement observés, les gestes ramènent à l'esprit de leur possesseur, parce qu'ils nous ramènent à l'intimité de la relation neurologique. Suivons la piste de cette intimité retranchée.

NOTES

1. Nietzsche va plus loin encore lorsqu'il écrit : « C'est chez l'homme que l'art du travestissement atteint son sommet : illusion, flagornerie, mensonge, tromperie, commérage, parade, éclat d'emprunt, masques, convention hypocrite, comédie donnée aux autres et à soi-même, bref le sempiternel voltigement autour de cette flamme unique : la vanité. Tout cela impose si bien sa règle et sa loi que rien n'est presque plus inconcevable que la naissance parmi les hommes d'un pur et noble instinct de vérité. » Friedrich Nietzsche, *Vérité et mensonge au sens extra-moral*, Montréal, Paris, Leméac-Actes Sud, coll. «Babel», 1998.

2. Cf. Harvey Joan et Cynthia Katz, *Sous le masque du succès*, Montréal, Le Jour éditeur, 1986, 218 pages.

3. Cf. Robbins, Anthony, *L'éveil de la puissance intérieure*, Montréal, Le Jour éditeur, 1991, 465 pages.

4. Cf. Beauvois, Robert et Vincent Joule, « La psychologie de la soumission », article de *la Recherche*.

5. Grégory Bateson, à l'étude de la société balinaise, nous fait passer une idée intéressante. Les sociétés qui ne sont pas fondées sur l'individualisme et mettent toutes leurs productions en commun ne connaissent pas d' « univers privé » et ne connaissent pas non plus le mensonge.
Le mensonge serait une façon de se cacher des autres pour mieux s'approprier un espace privé de liberté. Cf. Bateson, Grégory, *Vers une écologie de l'esprit*, 2 t, Paris, Seuil, 1977.

6. Sur la notion de la naissance des a priori et leur critique : Cf. Kant, Emmanuel, *Métaphysique des mœurs*, Paris, Vrin, 1994.

7. Freud, Sigmund, *Introduction à la psychanalyse*, Paris, Le Livre de poche.

« C'est la raison qui fait l'homme, c'est le sentiment qui le conduit. »

J.-J. *Rousseau*, Julie ou la Nouvelle Héloïse

« Permettez donc citoyens que je vous entretienne aujourd'hui des rapports de l'étude physique de l'homme avec celle des procédés de son intelligence ; de ceux du développement systématique de ses organes avec le développement analogue de ses sentiments et de ses passions : rapports d'où il résulte clairement que la physiologie, l'analyse des idées et de la morale ne sont que les trois branches d'une seule et même science qui peut s'appeler à juste titre : la science de l'homme. »

Cabanis

CHAPITRE 2

... MAIS LE CORPS DIT TOUT HAUT CE QUE L'ESPRIT PENSE TOUT BAS

Le synergologue redevient, le temps de la lecture de la gestuelle de l'autre, le devin dont parlent les légendes. Derrière son regard d'analysant et derrière des paroles qui « disent » ce qu'est l'autre, son discours a l'air si magique qu'il semble incroyable. En réalité, la magie s'explique très bien pour qui a pris conscience de certaines vérités. Ce chapitre expose les faits indispensables pour faire sortir les clés du langage du corps d'un monde magique quasi irrationnel et montrer mieux comment les arguments de raison permettent de comprendre ce qui se passe lorsque l'être humain communique avec son corps.

Les chuchotements du corps sont universels et s'expriment dans l'espace

Le nouveau-né paraît, regardez-le, il est congestionné et son corps bouge jusqu'à ce qu'il se cabre et pousse son premier cri. Le geste a pour la première fois précédé la parole. Cette opération sera répétée au cours de notre vie des millions de fois. Entre 0 et 5 ans, dans le magma du cerveau en pleine formation, les instances sensorimotrices, psychoaffectives, cognitives se développent ensemble. L'observation montre qu'un retard de n'importe lequel de ces trois états a forcément une répercussion sur les deux autres états correspondants[1]. Or, si les besoins de la science ont marqué d'une différenciation le corps de l'esprit, cette dissociation n'existe pas dans la réalité effective ; l'homme possède un corps et un cerveau en perpétuelle interaction.

Pour prendre un exemple, l'être humain qui est assis en face de vous et vous regarde cligne des paupières chaque fois qu'une idée nouvelle lui vient. Le réseau dense de neurones fait que lorsque des informations circulent dans notre cerveau, plusieurs types de neurones sont « à la peine » en même temps. Ces connexions entre des neurones aux fonctions différentes se sont faites dès les premières secondes de la vie, grâce à des liaisons synaptiques. Et nous pouvons lire un certain nombre de pensées à caractère affectif, à partir des gestes moteurs réalisés parallèlement au travail cognitif du cerveau. Les mots employés sont devenus transpositions sonores d'excitations nerveuses signalées sur notre corps en même temps qu'elles sont exprimées par la bouche.

Nos gestes inconscients sont le braille de nos pensées, leur expression. Ils sont la soupape des émotions que les situations interdisent de traduire verbalement, et qui sont pourtant nées avec force impulsions électriques et chimiques dans notre cerveau. La pensée réprimée est ainsi lisible sur le corps, grâce à lui.

Nombre d'études montrent par exemple que les gens dépressifs ont un contenu d'expression appauvri par leur état et que leur gestuelle exprime la même pauvreté[2]. Au contraire, les gens dont la pensée, par son débit verbal, exprime la tonicité recèlent une richesse gestuelle beaucoup plus importante. De multiples enregistrements vidéo donnent à lire cette observation[3]. Dans les séminaires de management, je conseille la pratique du sport, moins pour ce qu'elle peut apporter dans le domaine de la santé que pour l'impulsion qu'elle offre à partir d'une action motrice vers nos sphères cognitives et psychoaffectives.

La prise de parole est beaucoup plus fluide après un jogging, un peu de natation et, de manière générale, n'importe quel effort physique au cours duquel toutes les parties du corps (et donc toutes les zones du cerveau) ont pu travailler.

> Le geste précède la parole dans l'acte de communication,
> mais il a un autre intérêt :
> le geste révèle ce que le cerveau pense et ne dit pas.

Le corps parle, le cerveau lui répond. Le cerveau parle, le corps lui répond. Entre eux, le pas de deux est incessant. Mais si l'esprit parle à notre corps, notre corps lui répond, sans que nous contrôlions toujours cette réponse. Toutes les sensations extérieures, chaud, froid, couleurs, formes, mots, expressions, sont le prétexte à des réactions nerveuses. Notre corps ne cesse de bouger, de se mouvoir, de ressentir, chaque fois que des émotions même subreptices le traversent. Une situation glace d'effroi celui qui la vit et il éprouve la sensation précise d'être « glacé » d'effroi. Il a réellement froid. Une émotion traverse l'ami à qui est fait le récit d'une situation tragique. Il montre son bras en parlant de « chair de poule », et ce sentiment est traduit visuellement, corporellement. Un moment partagé entre amis vous réconcilie avec la vie en vous faisant « chaud au cœur », et l'homme ressent alors la sensation de chaleur qui transporte son corps. Des sensations plus concrètes encore traversent l'individu. Une « boule dans la gorge », « l'estomac noué »... Des métaphores parlantes évoquent des images précises dans lesquelles les émotions se composent. C'est « le poids sur la conscience », « le cœur léger » et même jusqu'à « l'insoutenable légèreté de l'être ».
Je me souviens d'un participant à un séminaire, incapable de vouloir admettre l'existence de processus physiques qui puissent être comme cela, universels, et récusant l'idée que d'un individu à un autre, les mêmes émotions se traduisent par une réaction analogue sur les mêmes parties du corps. Après diverses démonstrations, me heurtant toujours aux mêmes barrières, j'eus l'idée d'utiliser un argument comparatif. Je demandai à cet étudiant pourquoi, à son avis, dans toutes les cultures, le désir de l'autre se traduisait toujours par la production d'une érection à l'endroit du sexe, exactement au même endroit, pour toute l'humanité.

Évidemment, cet exemple semble presque trop emblématique pour avoir de la valeur, mais en même temps tous les organes, toutes les parties de notre corps, sont excités universellement au hasard d'émotions différentes, simplement parce que les mêmes processus physiologiques, les mêmes hormones travaillent dans des cerveaux formés de la même manière partout où des êtres humains se rencontrent[4].

> La synergologie relève sur le corps
> les mouvements inconscients.
>
> Elle établit leur topographie.
>
> Les mouvements inconscients sont
> la marque visuelle de nos motivations.

Mais si le cerveau imprime ses manières d'être au corps et lui propose des réactions, il arrive également que la relation s'inverse et que le corps en mouvement imprime des pensées au cerveau. Ces pensées s'expriment dans l'espace.

Dans la nature, tous les systèmes sont tendus vers leur stabilité. Un mouvement dans un sens répond à un mouvement en sens inverse, selon un effet ressemblant étrangement à un effet de balancier. Ce phénomène se vérifie à des niveaux aussi bien biologiques et physiologiques que thermodynamiques. Dans son rapport à l'autre, l'homme n'est pas différent, il ne fait perpétuellement que vivre selon un mouvement qui l'amène à se rapprocher et à s'éloigner, à fuir ou à aller vers l'autre.

L'homme voit sa vie rythmée par son cœur ; depuis le stade de sa conception, à une époque où, dans le ventre de sa mère, sa survie passe par les battements du cœur nourricier, jusqu'à sa mort fixée par l'arrêt du muscle de son cœur. Le cœur existe à l'état de pompe qui s'ouvre et se ferme indéfiniment. Sa fonction est d'être en mouvement, et le cœur n'existe jamais qu'en mouvement. Il participe du même coup au principe essentiel de la vie : le mouvement.

Les choses sont vivantes parce qu'elles changent d'état. L'homme donne sens à ses émotions, justifie ses pulsions[5] : c'est l'action de son cerveau.

L'homme, à l'image de son cerveau, ne fait perpétuellement, micromouvement après micromouvement, indéfiniment, physiquement, que s'ouvrir et se fermer pour se rouvrir, se refermer. L'homme s'ouvre, son corps est **appétent** ; il se ferme, son corps est **aversif**.

Ainsi, par sa posture et son attitude, l'homme en situation avec des vis-à-vis joue de cet effet de distance ou de rapprochement. Il s'éloigne s'il est en désaccord informel ou se rapproche sous l'effet de sa sociabilité, comme s'il lui importait toujours par-dessus tout de « garder le contact ». Les mouvements de recul ou d'attrait qui entraînent à « aller vers l'autre », ou au contraire à « se sauver », sont proprement pulsionnels et tout aussi promptement réprimés par les codes de l'éducation. Cependant, même s'ils sont vite réprimés, même s'ils sont proprement imperceptibles, ils n'en restent pas moins visibles, ils n'en sont pas moins réels. Le corps bouge imperceptiblement et il traduit sa volonté, son désir, son plaisir, son déplaisir, sa haine ou son amour.

L'ouverture en situation : l'appétence

Observez votre vis-à-vis : vous l'intéressez, mieux, vous lui plaisez, il est à l'aise en votre compagnie, il se détend, il s'ouvre. L'ouverture vers l'autre se traduit par un mouvement d'ouverture de la partie centrale de ce corps. Nous appelons cette ouverture : appétence. **Le corps s'ouvre pour dégager le centre de vie.**

Attitude de bien-être.

Dans les mécanismes d'appétence, les bras partent vers l'extérieur. Les gens qui s'estiment, s'accueillent ainsi « à bras ouverts ». Les mains s'ouvrent depuis la paume jusqu'au bout des doigts en situation d'ouverture (d'appétence).

Le langage se fait le témoin de toutes nos attitudes et il nous arrive de dire de l'autre « il s'est ouvert à moi », « nous avons parlé à livre ouvert ». Nos points de vue « se sont rapprochés ». L'être humain parle encore d'une « ouverture d'esprit ».

Regardez les deux images suivantes. Elles semblent très peu différentes. En même temps, elles le sont foncièrement.

Dans la première d'entre elles, **les paumes de mains sont ouvertes :**

Attitude de bien-être d'un extraverti.

Elle traduit une extraversion réelle.

Au contraire, dans la deuxième attitude, les traits du visage restent détendus, mais le synergologue averti sait qu'il lui faut regarder les mains. Or, **les poings fermés,** à peine perceptibles, traduisent une attitude de plus grande intériorité.

Attitude d'ouverture d'un être stressé.

En synergologie, il convient toujours d'observer les parties du corps dont chacun a le sentiment que personne ne les observe durant une discussion, parce qu'oubliées, elles s'oublient... et parlent.

Or, qui pense à regarder les paumes des mains... (à part vous !)

L'observation du mouvement des jambes est également intéressante.

Les jambes sont très souvent fermées ; or, en situation d'appé-tence, de détente intérieure, elles s'ouvrent pour dégager le centre de vie de l'être humain.

**Détente
intérieure.**

Une détente intérieure totale se lit à ses signes extérieurs et l'individu dont les jambes sont détendues montre, par ce signe, son bien-être.

L'angle des pieds donne également des indications riches. Il exprime notre accord avec l'autre et permet de comprendre, lorsque des groupes plus importants sont constitués, vers qui va l'affinité de nos partenaires de discussion. Deux situations visibles, différentes mais complémentaires, se donnent à lire. Dans la situation la plus fréquemment observable, le pied intérieur masculin, c'est-à-dire le pied qui est le plus directement en présence, le plus proche de l'autre, s'ouvre vers lui selon un angle qui peut aller jusqu'à 45 degrés.

**Attitude
d'ouverture
masculine.**

Les angles d'ouverture de pieds de femmes, essentiellement pour des raisons anatomiques, sont souvent plus prononcés que les angles d'ouverture de pieds masculins. Ainsi, comme l'axe du pied de la femme est beaucoup plus mobile que celui de son camarade masculin, alors que l'homme désigne par la direction du bout du pied l'axe de son désir, la femme de son côté va jusqu'à diriger sa malléole vers celui vers lequel elle s'ouvre.

Attitude d'ouverture féminine.

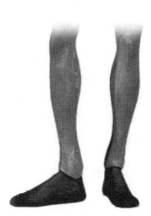

Le retrait ou la fermeture : l'aversion

L'homme est angoissé, mal à l'aise, il cherche à protéger son intégrité physique. Il se protège, mais que protège-t-il d'abord ? Inconsciemment, il protège son intimité la plus secrète. Cette intimité, l'éducation a fait un long travail de fond pour la forger, la former, la renforcer. Son intimité est tout entière conçue à l'endroit de son sexe.

Dans un premier temps, les corps se referment, bras et jambes jouant le rôle de barrières naturelles face à l'agression inconsciente du corps de l'autre. Les membres se croisent pour revenir vers le centre du corps qu'ils protègent.

Cette conscience de la fermeture n'est pas innée ; elle s'acquiert à mesure que le petit d'homme prend conscience de ses schèmes corporels. Regardez le nouveau-né pleurer ; face à l'agression du monde extérieur, il gesticule, cherche sa mère dans l'espace, les poings fermés, les bras convulsionnés. Il ne dissocie pas encore son propre corps de celui de sa génitrice. La fermeture sur soi est donc consubstantielle à la prise de conscience de son être propre.

Dans les mécanismes de fermeture, les bras se referment sur la poitrine, les corps deviennent fuyants.

Dans les cas de forte aversion, les poignets se cassent vers l'intérieur et les paumes sont fermées. Les poings sont alors cachés sous les bras. Pour cette raison principale, les bras croisés ne sont pas en eux-mêmes une marque de fermeture; il faut observer la position de la main à l'intérieur des bras.

Fermeture (pouces intérieurs).

La personne sûre d'elle peut croiser les bras, mais dans cette situation laisse dépasser ses pouces.

L'assurance (haut du corps : pouces extérieurs).

Ne nous fions donc pas au seul croisement de bras, qui est souvent d'ailleurs un croisement appris. Les jésuites pourraient nous l'expliquer. Regardons au delà du croisement de bras s'exprimer l'individualité dans la main.

Lorsque les individus sont debout, le bassin devient fuyant mais l'aversion est surtout lisible dans le bas du corps. Les jambes se croisent.
(Attention, l'image suivante décrit bien la fermeture mais tous les croisements de jambes ne sont pas des croisements de fermeture, car il existe des situations dans lesquelles au contraire le croisement de jambes est une manière de se refermer sur l'autre, avec lui, pour être en situation de plus forte communication.)

Mal-être.

Évidemment, dans notre rapport à l'autre, notre corps s'ouvre et se ferme sans cesse. Il ne cesse de bouger. C'est pourquoi il ne s'agit pas de tirer de conclusion définitive d'une position particulière. Le corps donne une indication, traduit des ouvertures et des fermetures virtuelles. Il importe surtout de lire le message inconscient envoyé au moment précis, exact où il se produit. Il convient donc **de décoder ce que nous voyons dans l'immédiateté**. Observés avec un temps de retard, les signaux décryptés n'ont, à de rares exceptions près, plus aucun sens.

Nous venons d'énoncer les deux règles majeures constitutives de l'approche synergologique :

1) Toujours commencer par distinguer gestes d'ouverture et gestes de fermeture.

2) Savoir qu'un geste doit toujours être décrit au moment où il est effectué.

Le corps de l'être humain porte le tatouage des états d'être

Le corps d'un homme exprime son histoire, comme un arbre dont les diverses écorces sont la mémoire. Cette lecture d'initié se fait en trois temps, trois regards distincts et différents qui se complètent, se renforcent, traduisent trois états de conscience.

L'enveloppe corporelle est complexe. Le regard néophyte est bien incapable de l'embrasser d'un seul coup d'œil. Le synergologue, parce que c'est son travail, doit savoir aller par paliers successifs, des caractères généraux vers les caractéristiques les plus singulières de l'être humain. Certaines données comportementales sont en effet inscrites en nous très profondément, alors que d'autres évoluent avec le contexte. Détaillons ces particularismes.

L'être humain réagit à toutes les situations de la vie quotidienne et extraquotidienne, selon une logique dans laquelle interviennent « sentiments », « émotions », « pulsions ». À partir de ces trois états d'être, organisés dans son esprit de manière quasi inconsciente, il compose un comportement cohérent.

Toutes les situations vécues ont été absorbées par notre esprit. Notre corps répond inconsciemment à toutes ses sollicitations.

Or, l'esprit hiérarchise ce qu'il ressent et le communique au corps. Les mouvements inconscients visibles du corps expriment la charge affective de ce que vit l'être humain.

À travers plusieurs niveaux de lecture du corps, le synergologue comprend jusqu'à quel point l'être humain est impliqué dans « ce qui se passe » lorsqu'il échange avec un interlocuteur. La hiérarchie des mouvements du corps exprime l'importance du ressenti que nous appelons : **état d'être**.
Décodons.

Toutes les situations impliquant de notre part une réaction cérébrale (l'influx nerveux) ont déclenché des **pulsions**. La plupart du temps, ces situations ne laissent que peu de traces dans notre esprit. Elles disparaissent à peu près complètement de notre mémoire, même si elles restent engrammées quelque part dans notre cerveau limbique.
La pulsion est ainsi codée par la raison qui la renforce ou la rejette. Si cette pulsion ne disparaît pas, c'est que nos références cérébrales l'ont renforcée. Nous voyons naître une **émotion** qui surprend par son intensité et sa durée.
Enfin, l'émotion peut elle aussi disparaître ou se renforcer. Architecturée, renforcée, elle est la chrysalide du **sentiment** qui a mis à se bâtir le temps nécessaire à la pulsion d'exister et à l'émotion de perdurer, avant de pouvoir éclore à la vie. Les gens qui sont « mordus » savent toute la force du sentiment.

À travers ces trois états, nous détaillons trois vitesses de réaction de nos sensations. À un niveau presque immédiat, les pulsions expriment un désir effréné et rapide que l'homme contrôle presque aussi vite qu'il l'éprouve. Simplement, le « presque » nous a laissé le temps de l'interprétation.

L'émotion fait appel à davantage de contexte. L'être humain ressent une émotion parce que ce qu'il voit entre dans un cadre propre à lui faire éprouver une émotion. Le sentiment a, lui, la durée de vie la plus longue. Comme la pulsion et l'émotion, le sentiment s'exprime corporellement. Il est l'expression de l'affect, la plus aisée à décoder.

Le sentiment ou la force de la statue

Le sentiment est, parmi nos sensations, celle qui est la plus élaborée. Ce sont les sentiments de l'homme qui le rendent fidèle, parce qu'ils mettent du temps à se forger et l'attachent à son prochain. L'expression « j'ai le sentiment que » ne dit pas autre chose. De manière plus ou moins consciente, l'homme a pris le temps de réfléchir et le fait qu'il « ait le sentiment que » l'engage. Le corps vit alors de manière forte le sentiment et il porte la trace durable de ses sentiments. Sur le corps de l'être humain, différents sentiments se sont agrégés. La somme de l'agrégation de ces états d'être, de ces sentiments incorporés comme autant de peaux, produit l'homme tel qu'il nous apparaît. Le sentiment se lit corporellement dans l'attitude durable de : **la statue.**

Avec la statue, l'œil regarde les contours du corps comme si notre interlocuteur se trouvait à contre-jour. Dans la statue, à travers les sentiments qu'il exprime, l'homme nous livre son tempérament.

L'émotion : l'expression de l'attitude intérieure

L'émotion est un moment préalable nécessaire pour faire émerger le sentiment et c'est généralement parce que l'émotion est profonde que le sentiment sera durable. Mais si l'émotion n'a pas la durée de vie longue du sentiment, elle est un état interne qui, sur le corps, permet de lire notre état de stress ou de bien-être. Ainsi, l'émotion se donne à lire dans la rectitude intérieure d'un corps qui se modifie sous la pression d'états émotionnels en évolution permanente.

Nous exprimons des états émotionnels même si nous ne bougeons pas. La seule position de certains segments du corps permet de décrypter l'état émotionnel.

La posture représentative de l'émotion est appelée : **l'attitude intérieure.**

Avec l'attitude intérieure, une fois que les contours de la statue ont été observés, la gestuelle de notre interlocuteur exprime le degré de stress et de bien-être et à travers eux la capacité d'attention et de concentration de l'être humain observé.

La pulsion ou l'immédiateté d'un micromouvement

La pulsion s'exprime par des mouvements rapides et subreptices. Primaire, la pulsion a sans doute aidé aux premiers jours de la vie humaine à satisfaire trois nécessités immédiates : se nourrir, s'abreuver, se reproduire.

La pulsion alimente chaque désir, c'est-à-dire chaque sensation porteuse de sens. Si l'expression de la pulsion est donc toujours la même, assouvir un besoin, l'objet qui la fait naître est différent d'un individu à l'autre.

La synergologie n'a pas de discours à offrir sur l'origine des pulsions. Les approches croisées de biologistes, psychologues et neuropsychologues, sociologues... sont davantage porteuses de sens. Ils nous ont appris que nos pulsions trouvent leur origine à partir d'images déjà vécues, qui « téléguident » nos sensations.

Notre premier amour portait un parfum vanillé. La vanille forte de ce moment fort est imprimée à jamais dans nos tissus olfactifs et chaque odeur de vanille renverra à un univers nostalgique de douceur, que notre cerveau captera et que notre corps exprimera une nouvelle fois. Chaque être humain porteur d'un parfum vanillé bénéficiera sans que nous en ayons vraiment conscience d'un capital de sympathie supplémentaire. La pulsion a ainsi ceci de particulier que son origine est souvent oubliée, mais elle continue à produire des sensations durables, qui conditionnent toute notre vie.

Les gestes exprimant nos pulsions réprimées sont appelés : **micromouvements.**

Les micromouvements ne naissent pas sans explication. Ils sont la soupape du corps face aux non-dits du cerveau. Le corps crie grâce à des micromouvements, chaque fois qu'il est en désaccord avec les mots sortis des bouches. Le corps est mal élevé. Il refuse toute compromission et c'est la mission des micromouvements que de nous montrer la vérité des êtres, quand les mots qui sortent des bouches, à force de vouloir être polis et rusés, ont quelque peu oublié l'authenticité.

Retenons ce schéma simple. Il prendra tout son sens dans la deuxième partie de l'ouvrage :

Le corps
est porteur de trois strates
d'états d'être :

sentiment ;

émotion ;

pulsion.

Le synergologue
décrypte ces trois états d'être dans :

LA STATUE
Elle est le tatouage corporel de nos
sentiments.

L'ATTITUDE INTÉRIEURE
Elle est le tatouage corporel de
l'émotion.

LE MICROMOUVEMENT
Il est le tatouage corporel de
la pulsion.

Les états d'être (sentiment, émotion, pulsion) structurent l'affectivité de l'être humain et le placent dans des dispositions d'esprit particulières, lorsqu'il est face à son interlocuteur. Ses « affects » sont les filtres de sa communication. Ils ne préjugent pas des pensées de l'être humain, mais ils permettent d'anticiper sur la disponibilité et le désir de communication des partenaires d'une discussion.

Les micromouvements prennent trois formes

- L'être humain écoute, concentré sur son objet et son corps. Il exprime une attitude sans bouger : on parlera d'une **microfixation**.
- L'homme peut se trouver dans une situation de bien-être nourrie par le désir ou le retour sur soi : c'est le cadre de lecture de la **microcaresse**.
- Il peut enfin désirer pour des raisons qui lui appartiennent travestir ses pensées. Ces pensées subreptices lui font éprouver des **microdémangeaisons**.

Détaillons.

Les microfixations : synonymes de concentration

Dans l'opération de concentration totale, l'être est totalement et entièrement tendu vers son centre d'intérêt. L'attention n'est alors troublée par rien. L'être humain est immobile. Comme il est happé par l'attention, rien ne vient distraire son immobilité. La personne concentrée uniquement préoccupée par son effort en vient à oublier qu'elle a un corps. La microfixation est la traduction sur le corps de ce processus de concentration. La main s'est posée significativement sur une partie du corps ou du visage et ne bouge plus.

Les microcaresses : rappels narcissiques de douceur

Dans toute situation de communication, l'individu qui écoute peut être séduit. Séduit par le discours de l'autre, par les intentions de ce discours et plus globalement par le locuteur producteur du discours. La microcaresse est un geste de douceur. Elle accompagne les effets du discours qu'elle renforce. La microcaresse est un signe de bien-être. La personne qui effectue sur elle-même une microcaresse est dans un état important de lascivité. La caresse prodiguée à son corps est très souvent une caresse prodiguée à l'autre dans un processus non conscient au terme duquel soi et l'autre ne font plus qu'un seul être. Dans d'autres cas, la microcaresse est de nature narcissique.

Les microdémangeaisons : voiles de travestissement

L'attitude la plus générale est une attitude dans laquelle l'homme se « gratte ». Pourquoi ?
Nous ne parlons pas ici bien évidemment des démangeaisons de nature organique clairement répertoriées, étiquetées : « urticaire », « rougeole »... Dans ces cas précis, généralement

au centre ou à la périphérie des zones touchées, les marques visuelles de ces démangeaisons apparaissent sous la forme de papules dermiques, d'écoulements constitutifs d'autant d'inscriptions tégumentaires. Il s'agit ici d'autres démangeaisons : les microdémangeaisons.

Ces démangeaisons prennent la forme de picotements légers sur le visage ou le corps. Elles sont subreptices et durent généralement moins de cinq secondes si l'endroit où elles apparaissent est activé, « gratté » avec la main[6].

Face à des situations de malaise, lorsque les hommes sont en interrelation, il est parfois difficile de masquer son trouble sans bouger. Alors que font les hommes ? Observez-les : ils se grattent. Ces microdémangeaisons leur donnent une contenance. Ils les rendent actifs. En fait, ils expriment leurs désaccords ou leurs désirs sous forme de gestes. L'homme qui se gratte fait quelque chose. Il se sauve dans sa tête et son corps, plutôt que d'accepter tacitement et sans rien dire ce que les paroles de l'autre lui imposent.

Les microdémangeaisons ne se produisent pas par hasard. Elles sont la réponse sensitive à une vasodilatation des muscles ou parties du corps que nous désirerions actionner et que nous sommes tenus de contrôler pour ne pas exprimer trop violemment nos émotions sous le coup de réactions hormonales. Les microdémangeaisons ont toujours le même sens général. L'homme se microdémange en situation de dissimulation ; lorsqu'il cherche à surmonter les inhibitions et les zones d'ombre de ses pensées ou de son discours.

Ces microdémangeaisons ont été identifiées par les spécialistes de physiologie qui parlent, eux, de *réflexes médullaires* pour exprimer la vasodilatation de la peau productrice d'une excitation ou d'un grattage[7].

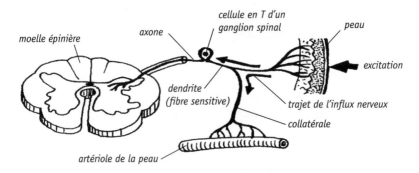

moelle épinière

axone

cellule en T d'un
ganglion spinal

peau

excitation

dendrite
(fibre sensitive)

trajet de l'influx nerveux

collatérale

artériole de la peau

Du visage au corps : deux formes de microdémangeaisons

Les microdémangeaisons du **visage**
et
les microdémangeaisons du **corps**.

La nature de la pensée qui contrarie l'être humain
induira la zone de microdémangeaison.

L'homme socialisé a appris à se comporter bien. La courtoisie, la politesse, la galanterie même, sont les marques de son acquiescement. Même s'il n'est pas toujours d'accord, pas tout à fait d'accord, l'homme acquiesce. Il peut au besoin mentir sur ce qu'il ressent ou ce qu'il croit, pour aller au bout d'une logique qui est une logique de politesse, de courtoisie. À court terme, il abdique avec ses idées afin de ne pas modifier ses relations avec l'autre. Simplement, comme son attitude n'est pas conforme à ses idées, cette non-conformité lui pose problème ; il est gêné.

La typologie des différents motifs de gêne pour l'homme, résultant de la non-conformité de son attitude avec sa pensée, désigne quatre motifs principaux :

- *l'excitation* pure et simple que nous traduirions facilement par de l'agressivité. Cette excitation, dans des cas très circonscrits, correspond à un désir refréné, inhibé.
- *la dissimulation* dictée par la situation vécue est une autre stratégie possible.

- *Les choses que nous ne voulons pas voir ou pas entendre*, parce qu'elles nous gênent simplement, sont des motifs de microdémangeaisons.
- *Les argumentations que nous ne comprenons pas* sont parmi les derniers motifs de microdémangeaisons.

Dans tous ces cas, la main se pose sur une zone du visage qu'elle gratte subrepticement avant de s'en aller.

Les micromouvements

La microfixation
exprime la concentration.

La microcaresse
exprime bien-être et retour
narcissique sur soi.

La microdémangeaison
exprime l'antagonisme entre
le dit et le non-dit.

Le guide d'observation du synergologue est donné. Il observe, observe, observe... C'est sa principale règle de conduite, le seul credo de sa fonction. Il s'attachera dans son périple à toujours distinguer respectueusement trois étapes pour prétendre dévoiler la part de mystère de l'être humain, trois attitudes optiques complémentaires, portées sur la statue, l'attitude intérieure et enfin les micromouvements de son partenaire.

Un synergologue confirmé embrasse les trois dimensions d'un seul regard, mais il n'oublie pas qu'avant d'avoir été un synergologue confirmé, l'apprenti a d'abord été un observateur attentif, assoiffé d'observations ; il s'est efforcé de ne pas donner force d'explication définitive à ce qu'il était parvenu à décrypter. Il a dû apprendre qu'un regard qui donne « valeur d'évangile » à une observation est un regard dogmatique ; un regard qui se détourne à tout jamais du chemin d'une vérité possible. Il faut donc laisser un peu de temps au temps, afin que les observations éparses et diverses happées par l'impétrant en synergologie s'organisent en un édifice didactique digne d'intérêt.

La règle de base de la visualisation des gestes : le grand angle

L'impétrant en synergologie est allé directement chercher la signification d'un geste. S'il a agi ainsi, c'est précisément parce qu'il était novice. Il se peut d'ailleurs que son intuition l'ait conduit droit au but et qu'il ait vu juste. Plus aguerri, il aurait cependant découvert que la prise de recul sur la signification des gestes est primordiale. Il doit donc agir comme il l'a fait lorsque, enfant, à l'école, il apprenait que dans la rédaction remise au maître, il fallait d'abord commencer par l'introduction qui annonçait le mouvement de la pensée dans le devoir avant d'aller à la conclusion.

Le principe du grand angle

Le partenaire que vous aimez en secret sans jamais rien laisser paraître semble détendu et pourtant il vient de faire un geste qui, très vite dans votre esprit, résonne avec force. C'est trop beau, vous venez de lire chez l'être que vous aimez tant une envie forte et qui sait peut-être même un désir sensuel. Bien évidemment, devant tant d'ouverture, vous n'avez pas tellement envie de vous livrer à plus d'investigations et vous vous ouvrez tambour battant à votre interlocuteur. Mais vous vous apercevez vite alors qu'il se ferme vertement à vous. Vous jetez cet ouvrage au feu, bien décidé à ne pas être repris de sitôt à tant de crédulité.

Vous n'avez sans doute pourtant qu'à vous en prendre à vous. Il y a d'ailleurs fort à parier que vous ne vous souveniez plus d'avoir lu ce passage sur le principe du grand angle.

Par contre, si vous avez été attentif à ce passage, un geste d'appétence vous a obligé à vectoriser ensemble plusieurs attitudes. Vous ne vous trompez plus sur le contenu de ce qu'ils révélaient parce que vous avez coordonné ensemble plusieurs indices. Votre attitude est adaptée aux attentes de votre interlocuteur et vous avez renforcé son sentiment à votre égard.
Sentiments positifs et négatifs se livrent ainsi avec circonspection, mais prenons plutôt un exemple.

L'exemple du plat de la main sur le visage.
Le plat de la main (observation du micromouvement).

Fermeture totale.

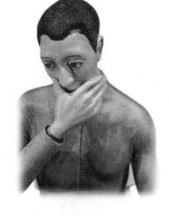

Ce geste est une microfixation. Notre interlocuteur a mis la main sur la bouche. C'est un signe de rupture (Cf 2e partie) nourri soit par la peur, soit par l'agressivité, soit par le mépris. Mais il ne nous est pas possible de discerner le motif de la rupture. L'être humain qui s'est arrêté à la lecture d'un geste propose une interprétation incomplète et parfois même si incomplète qu'elle peut être complètement dénaturée.
Allons plus loin. Ici, *la position générale* du corps dans laquelle sa main coupe notre interlocuteur de nous-mêmes exprimera soit l'appétence (le rapprochement), la concentration ; soit l'aversion (l'éloignement), un mal-être. Il est donc nécessaire d'avoir un petit recul visuel.

La photographie suivante permet de s'en rendre compte.

Le plat de la main (observation de l'attitude intérieure).

Agressivité.

Le recul du regard est important.
Lorsqu'il se place sur le devant de la chaise, l'individu main sur la bouche se coupe de l'interlocuteur mais en même temps il ne renonce pas à l'échange.
Par contre, s'il se recule sur sa chaise, non seulement il se coupe de vous, mais en même temps il renonce à échanger.

Plat de la main sur la bouche (le corps a perdu son tonus, observation de la statue).

Mépris.

Dans la première image, il y a une grande agressivité, alors que la deuxième image traduit une forme de peur-mépris. Il se passe sur ces deux photographies ce qui se passe toujours lorsque l'être humain observe un micromouvement sans avoir pris le temps nécessaire pour observer l'attitude intérieure.

NOTES

1. La méthode américaine de rééducation cérébrale des enfants, appelée le patterning, est basée sur cette réalité simple.

2. Frey, S., Jorns, U. et W. Daw, *Ethology and non verbal communication in mental health,* ouvrage duquel a été tiré : *A systematic description and analysis of non verbal interaction between doctors and patients in a psychiatric interview,* New York, Pergamon Press, 1981.

3. Frey, S., *Organization of behavior in face-to-face interaction,* Mouton, 1975.

4. Les exceptions sont des exceptions relatives moins souvent aux pulsions qu'aux valeurs qui les sous-tendent. Prenons un exemple : les gestes exprimant le mensonge sont des gestes qui sont effectués dans la zone du nez. Or, il s'avère que le mensonge est une des ressources propres à nos sociétés individualisées et que les hommes vivant en groupe ne trouvent pas d'intérêt à tous les mensonges nés de la rétention d'informations. Les gestes effectués autour du nez auront donc bien la même signification chez ces autres peuples, mais le geste aura disparu de la culture gestuelle de ces peuples parce que son support cognitif aura lui aussi disparu.

5. Katz et Festinger, deux psychologues américains de renommée mondiale, ont fait un certain nombre d'expériences pour finir par conclure que lorsque l'homme doit choisir entre ses désirs et ses croyances, il finit généralement par privilégier ses désirs et réadapte ses croyances pour les rendre conformes à ses désirs.

6. Pour lire les rapports entre la peau et le psychisme, un ouvrage très intéressant organisé autour d'une approche psychanalytique : Clerget, Joël, *La Main de l'Autre,* Toulouse, Eres, 1997.

7. « Les réflexes médullaires : une irritation de la peau, un grattage qui occasionne une légère lésion locale ; au bout de quelque temps, on voit le territoire cutané ainsi excité rougir sur son pourtour ; l'apport sanguin est localement accru... ».
Cf. Guy Marchal, *Connaissance du corps humain*, Paris, Épigones, 1994, 453 pages.

« La main de l'acheteur était devenue tout à coup un personnage.»

John Steinbeck, La Perle

« La prochaine fois que vous douterez de la sincérité d'une personne, observez ses mains, car les mains disent la vérité. »

Étienne Léthel

CHAPITRE 3

LE CERVEAU PARLE DANS LA MAIN

Entre la main et l'esprit, le rapport est immédiat et instantané. Dès le plus jeune âge, chez le nourrisson, le cerveau en construction, l'évolution de la main traduit l'état de formation et de transformation cérébrale. Dès ses premières secondes de vie, l'enfant, avec sa bouche, le bras levé, cherche le sein de sa mère. Dans ce geste des milliers de fois reproduit, il semble nous dire qu'entre la bouche d'où sortira plus tard un langage structuré et la main, quelque chose de fondamental se met en place[1]. Puis, un jour, dans la main unitaire, l'index se dissocie des autres doigts. L'enfant distingue alors l'objet qu'il désigne ; c'est le signe patent de sa disposition au langage structuré. Le petit d'homme est sur le point de sortir du babillage pour recourir au langage des hommes.

Chez les nourrissons, le geste supplée la parole. Rousseau n'explique-t-il pas dans l'*Émile* que l'enfant est *l'in-fans*, celui qui est privé de la parole[2] ? Mais lorsque le mot qui sert à désigner la chose est connu, le geste perd sa fonction de demande et le registre sur lequel l'enfant joue sa partition dans l'espace change. Le geste acquiert une autre fonction. Il surligne la parole pour ponctuer les propos et renforcer leur cohérence.
Certaines cultures valorisent le geste, d'autres proposent sa dissimulation. Méditerranéenne, la gestuelle devient une composante forte de la personnalité. Anglo-saxonne, elle est plus feutrée, comme si les débordements gestuels impudiques nuisaient à la rectitude des tempéraments.

Deux formes de gestes cohabitent : les gestes répondant à une intention particulière et les gestes effectués sans intention avouée. Les gestes ont une intention particulière lorsqu'ils sont l'expression d'un besoin : par exemple, prendre un objet pour le donner, porter une cuiller à sa bouche, ouvrir une porte..., soit environ 5 p. 100 de nos gestes.

Dans la presque totalité des situations impliquant nos attitudes, les mains se promènent et se posent sur le corps, sans intention claire ou explicite. Les mains sont alors le canal par lequel, sans mot dire, l'homme exprime ses pensées.

Toute notre vie durant, nos mains vont ainsi voyager autour de notre corps, simplement rattachées au tronc par le bras. Elles nous accompagnent dans tous nos déplacements, partagent nos échanges les plus intimes, transmettent par le toucher une information précise sur notre être, nous renseignent sur l'autre. Nos mains sont chaudes, nos mains sont froides, nos mains sont moites, nos mains sont sèches. Elles sont petites et effilées, grosses et calleuses... Sur elles sont marquées les empreintes de nos professions. Elles disent d'où nous venons, ce que nous sommes, aident à comprendre où nous allons. Elles entraînent avec bonheur l'homme habile qui a un sacré *tour de main*, celui qui fait les choses d'un *tournemain*, la petite fille qui a la chance d'avoir *une main innocente*, le malheureux chassé, parti *une main devant une main derrière*.

La main est encore produit de fantasmes lorsqu'elle s'ouvre sur le regard curieux de celui qui traque le destin dans les interstices de ses lignes. La main gauche du gaucher fait peur, elle est incontrôlable. C'est *la main du diable*. Le bon sens populaire catégorise ainsi les mains et par porosité elles prennent les qualités et les défauts des hommes dont elles sont l'outil[3]. En même temps, trop souvent ces mains vues ne sont pas regardées, et elles sont aperçues quand il faudrait les observer ; arrêtons-nous sur elles comme on s'arrête sur un visage. Ce qu'est la main dit notre vie.

L'être ouvert ouvre ses poignets

Les mains sont cadencées par le corps. Or, ce corps n'a ni la même rythmicité, ni la même organisation gestuelle selon que l'homme est assis ou debout. Leur observation conduit à penser que l'être humain ne fait pas subir à son être la même projection fantasmatique selon qu'il est debout ou assis.

Debout, l'homme se projette inconsciemment dans l'espace comme un être de mouvement et les projections fantasmatiques de son corps sont imprimées par la main qui se pose çà et là, derrière une cuisse ou sur une hanche par exemple. Un individu habile, en suivant la main de l'homme, peut suivre le fil d'une pensée comme il suivrait sur une carte les déplacements d'un grand voyageur. Ici, la carte est le corps et l'itinéraire est tracé par la main dont les déplacements continuels n'échappent pas à un observateur averti.

Mais il suffit que l'être humain s'asseye pour que le grand voyageur se mue en un être de réflexion, oublieux de son corps. Ses mains attentives circonviennent alors l'espace du cerveau en se posant sur de multiples endroits du visage ou du haut de l'être.

Suivons le chemin parcouru par les mains. Elles racontent l'histoire de l'homme.

L'axe des mains

L'existence de l'homme se construit petit à petit, jour après jour, empruntant chaque palier de la naissance à la mort. Une existence enrichie chaque jour de la richesse du développement de ses semblables. Ontogenèse et phylogenèse se mêlent pour que l'homme s'accomplisse. Notre semblable arrive ainsi au bureau chaque matin avec son histoire, et rien n'est simple parce que ce passé est riche de bien trop d'informations pour que nous puissions toutes les synthétiser, loin s'en faut. Mais notre semblable arrive aussi avec autre chose, ses dispositions d'esprit du jour, des états d'être tout frais qu'il nous lance à la figure lorsqu'il nous dit « bonjour ! ». Ces dispositions ne racontent pas l'histoire de l'humanité, mais elles nous renseignent quotidiennement sur les états d'être de nos alter ego et sur ce que nous prépare la journée à vivre.

Les mains sont ouvertes. Elles expriment alors la détente intérieure de celui dont l'esprit s'est ouvert et qui, relâché, marche les paumes de mains entrouvertes. Par opposition, les mains fermées traduisent un état de stress ou de concentration de la pensée qui empêche le relâchement.
Certaines personnes marchent les bras le long du corps. Les paumes largement ouvertes dans le dos traduisent un état d'extraversion. Cette grande ouverture annonce des individus entretenant souvent une image très valorisante d'eux-mêmes.

**Attitude
d'extraversion.**

La position des mains de l'homme assis

La position des mains sur le visage est le braille de nos états d'âme. Méthodiques, envoyées sur ordre discret du cerveau, les mains s'aventurent autour de nos récepteurs sensoriels. Elles les aident à s'agrandir pour mieux remplir l'instant présent ou, au contraire, à se fermer pour limiter les agressions extérieures.
Mais avant d'analyser la situation des mains sur le visage (situation qui sera largement évoquée dans la deuxième partie de l'ouvrage), il faut d'abord évoquer la position des mains sur le visage, car la forme de la main marque la disposition d'esprit de notre interlocuteur.

L'être humain stressé ferme les poings. Il est contracté et cette contraction se lit jusque dans les interstices les plus secrets de son corps.

Stress.

Par contre, si **l'être humain est plus détendu, sa main s'ouvre** pour se poser sur son visage de façon beaucoup plus détendue.

Début de détente.

Enfin, si notre interlocuteur veut prendre de la distance, **il pose sur son visage le dos de sa main,** comme s'il voulait repousser l'autre. En fait, il prend de la distance pour réfléchir.

Prise de recul.

Il ne s'agit pas ici de se demander ce que signifie la main posée sur le menton ; un chapitre entier traite de cette question. En revanche, il est particulièrement important de ne jamais oublier d'observer la géographie de cette main : elle est révélatrice de la détente et du bien-être intérieur.

Divers auteurs[4] ont étudié le mouvement des corps et des mains, à partir de nombreuses vidéos, dès les années 1970. Des spécialistes de la communication ont remarqué que les personnes préoccupées marchent les poings fermés. Le mouvement de leur pensée court le long de leur bras moteur pour aller jusqu'à leur main fermée. La main est devenue une boucle de rétroaction, nous permettant de revenir sur nous-mêmes en situation de concentration. Le poing fermé sur le visage traduit le stress du retour sur soi.

En situation d'échange

La main est ouverte.
Situation de détente intérieure

Le poing est fermé.
Stress

Le dos de la main contre soi.
Retour sur soi – réflexion

L'inconscient des doigts

La position de la main exprime les dispositions d'esprit de l'être humain en situation de communication. Des indications supplémentaires nous sont proposées chaque fois que l'être humain se microcaresse ou se microdémange les extrémités des membres supérieurs.

Le pouce, l'index, le majeur, l'annulaire, l'auriculaire

Le développement de notre cerveau passe par l'individuation des doigts de la main. À l'origine, ils existent à l'état de masse compacte et ne vont acquérir leur autonomie que lentement, à mesure que l'esprit accomplit son travail parallèle d'individuation. Nos états d'être passent ainsi à travers la position particulière des doigts sur le visage et le corps. Et l'intérêt porté à nos doigts est d'autant plus grand qu'ils n'ont pas tous la même fonction inconsciente, lorsque l'envoi des messages du cerveau vers le corps produit des microdémangeaisons sur certains doigts plutôt que sur d'autres.

Le pouce de l'ouverture

L'enfant petit porte son pouce à sa bouche ; cette succion a un rôle protecteur de retour sur soi. Plus tard, l'enfant verra des adultes souriants lever le pouce : les choses sont « OK ». Le pouce levé, le pilote d'avion apprend de la piste que tout est prêt et que l'avion peut décoller. Par ce geste, l'empereur romain de nos livres d'histoire, pouce en étendard, signifie encore à l'esclave jeté en pâture aux fauves dans l'arène toute sa mansuétude et sa grandeur. L'auto-stoppeur, de son côté, lève le pouce dans l'attente de l'automobiliste prêt à s'arrêter.

Le pouce levé, les choses sont positives. L'imaginaire du cerveau a encodé cette donnée psychosociale, exprimant dans notre inconscient l'image d'un corps parental résonnant dans l'esprit de l'enfant aux aguets. Par leurs comportements gestuels, les proches organisent et ordonnent ainsi le corps de leur progéniture.

Le pouce levé, l'être humain est acteur. Actif, il est positif. Pouce levé appuyé sur le visage, l'homme exprime son comportement de chef, de leader. Les gens déprimés n'effectuent pas ce type de geste. Le pouce symbolise dans ce contexte l'échange. Le pouce à l'extérieur, l'être humain se trouve peut-être « poussé » vers les autres.
Le pouce refermé dans la main traduit l'introversion, le retour sur soi. Cette position est très visible chez les jeunes enfants. **L'être qui craint de se mettre en avant se microdémange le pouce** si on lui demande de s'exprimer.

Je suis trop timide pour affirmer ma force de collaboration et les choses m'échappent.

La partie du pouce bombée dans l'intérieur de la main raccrochée au poignet est appelée le mont thénar. Plus celle-ci est bombée, plus les spécialistes de naturopathie holistique pensent que l'être humain est capable de force et d'affirmation de soi.

L'index de l'autorité

À l'origine de tous les actes de préhension, l'index est, avec le pouce, le deuxième doigt de la « pince ». Son efficacité motrice semble cependant être la conséquence d'une implication beaucoup plus fondamentale. La désignation d'un objet de l'index est, comme nous l'avons déjà dit, un des signes avant-coureurs du langage adulte et de la structuration des onomatopées en syllabes et en mots[5].

L'index joue ensuite socialement un rôle majeur dans l'affirmation de l'être humain. À l'école, c'est le doigt levé que l'enfant se désigne à l'appel de son nom. Son index devient la marque de son identité. L'enfant apprend ainsi dès les classes maternelles à lever l'index pour dire « je » et, toute sa vie durant, il dira « je », l'index dressé vers le ciel.

Depuis le coin de bar, où les boissons sont commandées le doigt levé, jusqu'au taxi appelé, c'est encore avec l'index dressé vers le ciel que l'homme s'affirme. Il n'a pas fait le rapprochement entre le geste de l'écolier, le geste de l'homme au comptoir et le geste en direction du taxi, pourtant inconsciemment l'index pointé signifie la même chose.

Le « je » est une affirmation, mais il est aussi la marque de l'autorité dans l'affirmation. Nous avons tous en tête les photographies de tribuns, l'index brandi à la tribune. C'est l'index du père qui dit « tu dois ! » ou « tu ne dois pas ! ».

L'index qu'on n'ose pas lever, parce que l'on craint de faire montre d'autorité ou parce que l'autorité nous dérange, microdémange.

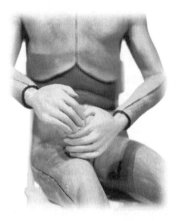

Je n'ose pas intervenir et pourtant j'ai vraiment des choses à dire, si seulement...

Évidemment, connaître les zones précises du corps sur lesquelles se pose l'index est indispensable pour saisir la disposition d'esprit exacte. Mais il faut d'ores et déjà savoir que l'index représente l'affirmation de soi, dès que, sur le visage, il se dissocie des autres doigts.

Le majeur de la créativité

Le majeur est dans la main la plus longue de nos extrémités. C'est le doigt qui « sort » de notre être pour aller le plus loin à l'extrémité de la main. Il est la représentation sur le corps de deux passions qui sont souvent associées dans nos émotions[6] : la sexualité et la créativité.

Que fait symboliquement celui qui, dans la voiture vous dépassant, vous regarde et d'un geste obscène brandit son majeur ? Il vous dit simplement : « Je me conduis comme je le veux ! » Le majeur au ciel du joueur de football qui nargue la tribune adverse après le but libérateur traduit encore ce sentiment : « Rien ne m'arrête et c'est comme ça. »

J'ai des désirs réprimés.

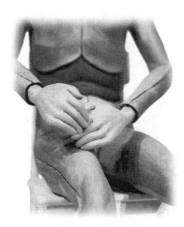

Le majeur microdémangé signifie que l'individu, homme ou femme, est arrêté dans l'expression de ses désirs et de ses rêves ou dans sa volonté d'assaut sexuel. Il traduit à l'ordre du majeur démangé un désir refréné.

L'annulaire de l'échange

L'annulaire est le quatrième doigt de la main. Mais c'est en même temps celui qui porte l'anneau, l'alliance. C'est le doigt de l'union et du couple.

Comme il est le quatrième doigt de la main, l'annulaire n'est jamais mis en avant et il ne devient guère significatif qu'à l'occasion de l'échange des anneaux.

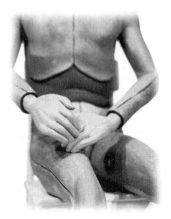

**Ta distance
me met
mal à
l'aise.**

L'annulaire exprime la douceur. Ce doigt n'est pas lié comme le précédent, le majeur, à la libido ou aux désirs au sens strict. **L'annulaire microdémangé** traduit les difficultés d'une relation de couple. La visualisation de la microdémangeaison exprime la situation. La nature de la difficulté des couples (au sens large) se donnera à lire en filigrane dans la lecture de ce geste.

L'auriculaire de l'harmonie

L'auriculaire est le dernier doigt de la main. Il exprime au revers de la main le cœur. Microdémangé, il exprime la souffrance de l'homme face au manque d'amour. C'est l'auriculaire que presse la personne cardiaque lorsqu'elle sent son cœur battre la chamade et qu'elle tente de contrôler ses mouvements.

**L'éloignement
de nos
positions me
dérange.**

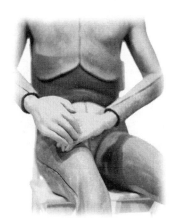

L'auriculaire est le doigt du cœur. Devant la tombe de nos proches, c'est aussi les mains protégeant l'auriculaire, le cœur, que nous nous recueillons.

Les doigts sont microdémangés individuellement, mais ils s'expriment aussi les uns par rapport aux autres.

Les microcaresses du pouce entre les doigts pour retrouver ou faire venir à soi

Pour bien comprendre la signification de ces microcaresses, il ne faut pas perdre de vue ce que représente la main de l'homme. Elle est le canal direct par lequel le cerveau s'incarne dans le corps. La pensée s'exprime dans la main. Or il est des situations dans lesquelles nous aimerions « toucher » l'autre et être « touché » par l'autre. Ici le mot « toucher » a un sens métaphorique. Nous aimerions par exemple, lorsque nous sommes en groupe, pouvoir échanger en aparté avec un des membres du groupe.

Comme l'être humain maîtrise ses désirs, sa main ne peut pas partir vers l'autre directement. Alors inconsciemment le pouce part et traverse la main.

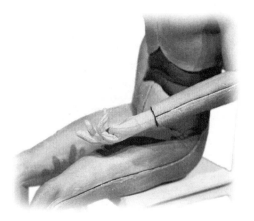

**C'est défendu
mais vous me
plaisez.**
J'ai envie
d'échanger
avec vous.

Face à un être « attirant », **le pouce attiré est passé « à travers la main »,** caché entre les doigts. Vous ne pouvez caresser ou simplement provoquer un contact plus intime que celui qu'impose la situation de dialogue socialisé. Votre pouce caché est simplement passé à travers votre être en direction de l'autre. Votre pouce est caché par la main comme votre désir qui doit lui aussi rester caché. Il faut avoir observé cette situation pour comprendre la réalité de ce geste ; nous vous laissons le temps de l'observation, nous en reparlerons.

Ce geste ne doit pas être confondu avec le geste suivant. Jusque-là, le sens de la microcaresse partait de l'intérieur vers l'extérieur de la main. Le pouce partait de l'intérieur de la paume pour caresser les mains en allant vers l'extérieur de celles-ci, en direction de « l'objet à toucher ». Mais **il arrive que le pouce revienne vers l'intérieur de la main.**

Avec ce geste, l'être humain cherche à faire revenir à la surface de sa pensée, une idée ou une information à caractère cognitif ou affectif, qu'il cherche et qui ne vient pas.

**Je n'arrive plus
à retrouver
l'information, la
situation.**

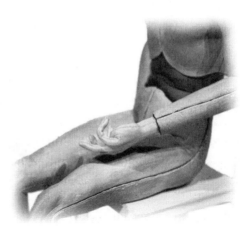

N'oublions jamais qu'entre la main et le cerveau le rapport est direct et que neurones sensorimoteurs (les mouvements) et neurones cognitifs (la pensée) sont à l'œuvre selon une logique cachée dans laquelle ils se mêlent.

Dans l'acte de communication non verbale, la position des mains et des doigts est porteuse de significations, mais en même temps la main riche de ses significations rencontre l'esprit et le corps. C'est dans cette rencontre de nos mains avec le visage et le corps que la synergologie prend son sens et son essor.

NOTES

1. Boris Cyrulnik revient sur ces premiers jours de vie intra-utérine et montre jusqu'à quel degré une concordance forte entre la main et la bouche est mise en place. Cf. Boris Cyrulnik, *Sous le signe du lien*, Paris, Hachette, Coll. « Histoire et philosophie des sciences », 1989, 319 pages.

2. Rousseau, Jean-Jacques, *Émile*, Paris, Garnier-Flammarion.

3. Pierre Bourdieu a travaillé avec des photos de mains de vieilles femmes et nous montre combien les fantasmes et la culture de chacun sont présents dans les mains qui parlent dès qu'on les regarde. Cf. Pierre Bourdieu, *La Distinction : critique sociale du jugement*, Coll. « Le sens commun », Paris, Éditions de Minuit, 1979, 669 pages.

4. Birdwhistell, R. L, *Kinesics and context : essays on body motion communication*, Philadelphie, University of Pennsylvania Press, 1970.

5. Cf. Boris Cyrulnik, *De la parole comme d'une molécule*, Paris, Seuil, Coll. « Essais, Points », 1995.

6. Pour ce qui concerne les rapports entre sexualité et créativité, cf. plus particulièrement Freud, Sigmund, *Trois essais sur la théorie de la sexualité*, Paris, Gallimard, 1962.

« *L'homme entre en colère, il est attentif, il est curieux, il aime, il hait, il méprise,*
il dédaigne, il admire ; et chacun des mouvements de son âme vient se peindre
sur son visage en caractères clairs, évidents, auxquels nous ne nous méprenons
jamais. Sur son visage ? que dis-je ? sur sa bouche, sur ses joues, dans ses yeux,
en chaque partie de son visage. »

Diderot, Essais sur la peinture, *Paris, 1795*

CHAPITRE 4

LES RÈGLES DE LECTURE DU VISAGE ET DU CORPS

L'homme pose la main sur son visage. Il se caresse la joue en parlant puis promène une main nonchalante sur son épaule, se gratte le dos et nous quitte en nous saluant. Quel phénomène a donc généré ces attitudes ? Quelles sont les règles de lecture qui ont permis au synergologue de prédire le départ de l'homme avant même qu'il n'en ait émis le souhait ? Pourquoi a-t-il posé la main sur sa joue plutôt que derrière son oreille ? Pourquoi ces gestes précis et similaires semblent-ils présider au destin de l'humanité sous toutes les latitudes ?

L'homme « cartographie » ses pensées sur son corps au hasard de gestes inconscients extrêmement précis ; et extrêmement précis, précisément parce qu'ils sont inconscients. Cette cartographie de l'être n'a pas été dressée par le hasard des circonstances. L'être humain a appris depuis sa naissance que chaque partie de son visage et de son corps avait une fonction propre. Il a appris à imprimer sur son visage ou son corps ses pensées en touchant certaines zones que l'échange rend sensibles.

Ce faisant, il donne au synergologue la clé d'un braille au centre duquel l'intimité de l'humain lève son voile.

Les gestes sur le visage et les gestes sur le corps sont la projection fantasmatique de nous-mêmes. Avec son visage et son corps, l'homme remplit les deux espaces qui font sa vie ; l'espace de ses démons intérieurs et l'espace de ses désirs de conquête. Sur son visage et son corps, la main promenée sur ces deux réalités intimes, l'homme fait le tour de ses projets et de ses renoncements. Suivons le fil de ce courant. L'Amérique de chacun est au cœur de cette course dans l'univers intérieur.

La cartographie du visage : un voyage introspectif

La cartographie du visage s'est établie à partir de quatre règles innées (ontogénétiques) et acquises (phylogénétiques).

- La règle hémisphérique.
- La règle d'empathie.
- La règle sensorielle.
- La règle du mouvement.

Les choses semblent compliquées, mais là encore ce n'est qu'une question d'appropriation.

La règle hémisphérique

La main de l'homme se promène sur son visage avant de s'arrêter sur un récepteur sensoriel. Ce geste banal raconte l'histoire de l'humanité. Essayons de refaire une partie du chemin.

Les zones sur lesquelles se posent les mains sont fonction des messages envoyés par le cerveau. Or la logique du développement du cerveau est une logique hémisphérique. Nos gestes sont guidés par cette logique.

Le cerveau est partagé en deux zones que nous appelons vulgairement « cerveau droit » et « cerveau gauche ». Ces deux zones sont reliées entre elles par un complexe, le « corps calleux », assurant le filtrage des informations d'un hémisphère à l'autre. Nous possédons là trois informations indispensables à la technique synergologique :

- L'intelligence « à l'état brut » et l'émotion ont toutes deux un cerveau de prédilection.
- Les zones cognitives, sensorimotrices et psychoaffectives répondent ensemble et de concert aux stimulations de l'environnement.
- Le « cerveau droit » actionne la partie gauche du corps, le « cerveau gauche », la partie droite du corps.

La neuropsychologie a pris naissance à la fin du XIXe siècle et sa plus intéressante découverte date peut-être de cette époque : **Une région précise du corps correspond à une zone précise du cerveau.** Les découvertes successives ont ensuite pointé plus précisément des interactions claires entre certaines zones extrêmement précises du cerveau et des zones non moins précises du corps[1]. Nous savons aujourd'hui que dans l'hémisphère droit sont localisées les régions spécialisées dans l'expression des émotions[2].

Pour sa part, le cerveau gauche intervient davantage dès que l'individu exécute des opérations décisives, comme les tests d'intelligence dans lesquels la logique « pure » est mesurée[3]. La rationalité mesurée à la capacité de développer une argumentation logique trouverait ainsi son siège dans le cerveau gauche[4].

Le siège de **l'émotion** est situé dans certaines zones du cerveau droit alors que le cerveau gauche intervient davantage comme siège de la **logique « brute ».**

Ces deux découvertes récentes, apparemment très loin de notre champ d'intérêt, apportent un éclairage nouveau à la synergologie, dès lors que nous nous arrêtons sur le visage séparé du cerveau par seulement quelques millimètres de méninges.

Le « cerveau droit » actionne la partie gauche du corps et le « cerveau gauche », sa partie droite. Comme nous le savons par ailleurs, les neurones connectant les zones cognitives sensorimotrices et psychoaffectives sont reliés les uns aux autres dans le cerveau. C'est-à-dire que lorsque l'homme réfléchit (logique cognitive), en même temps, grâce à son réseau « câblé » de neurones, il active des réactions motrices (attitude intérieure) et réagit avec sa sensibilité psychoaffective (micromouvements).

Il pense, et corrélativement certaines parties de son corps deviennent donc logiquement réactives à cette occasion[5].

En situant, sur le visage, la zone où les réactions se produisent, nous pouvons retrouver précisément la teneur des pensées situées dans le cerveau de l'être humain. En effet, l'identification des parties du visage correspondant aux zones du cerveau motrices de l'émotion et de la logique rationnelle nous conduit logiquement vers les pensées de l'homme, chaque fois que, non consciemment, celui-ci pose ses mains sur des parties précises de son visage ou de son corps.

Il nous restait à vérifier cette hypothèse.

Cette intuition s'est trouvée corroborée par un certain nombre d'enregistrements vidéo[6]. Nous nous sommes attachés à essayer de voir si, en situation de forte émotivité, la partie gauche du visage, siège de l'émotion (gérée par la motricité du cerveau droit), réagissait différemment de l'autre partie du visage « gouvernée » par l'autre hémisphère cérébral. Effectivement, il apparaît que lorsque les individus sont en situation de proximité affective, l'orbite gauche de leur œil devient plus grosse et plus grande. Le phénomène est visible pour n'importe quel regard attentif, même s'il n'a pas été spécialement éduqué.

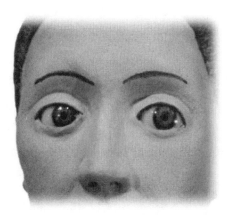

Œil gauche plus grand.

Corrélativement, les gens abattus ou qui, peu à peu, se sont fermés à l'autre et éprouvent une fatigue affective, voient ce même œil gauche se fermer pour devenir plus petit sur le visage. La dissymétrie du visage pourrait ainsi se trouver expliquée par l'histoire personnelle de chacun.

Chez les gens qui sont en pleine réflexion, l'œil droit semble surdimensionné. Au moment où ils sont rationnels, à l'écoute de la logique, la partie gauche de leur cerveau est largement irriguée pour leur permettre de réfléchir. L'étroite imbrication des neurones cognitifs acteurs de la réflexion logique et des neurones moteurs responsables du mouvement produit une dilatation de l'œil droit ouvert au raisonnement logique.

Œil droit plus grand.

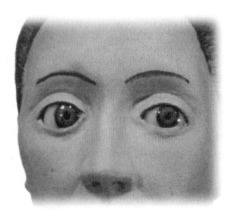

Cela peut sembler incroyable, mais l'apparition de chaque idée nouvelle entraîne un battement de paupières. Ce phénomène a été largement vérifié. Il corrobore le fait qu'entre l'esprit et le corps, un rapport direct s'est établi, dont les micro-mouvements des yeux sont la traduction parfaite[7].

La lassitude est également lisible grâce à ces codes. Lorsque les individus sont fatigués, c'est dans l'œil droit légèrement moins entrouvert que son œil jumeau que cette fatigue est la plus lisible. C'est peut-être la preuve que dans la lassitude, quelque chose de fondamental se met en place. L'homme, à ce moment précis (parce qu'il n'en a pas la ressource cérébrale), ne cherche plus à décoder le contexte avec le cerveau de sa logique et se fie d'instinct davantage à son émotivité.

Ce que nous pouvons dire des gens las se lit également chez les gens dépressifs lorsqu'ils sont fatigués. Leur œil droit apparaît alors assez nettement plus petit que l'œil gauche. Sans trop chercher à extrapoler, disons que la personne dépressive a d'une certaine manière renoncé à se fier à la logique du raisonnement rationnel. Est-ce une cause ou un effet de la dépression? Laissons à d'autres qui en ont la compétence le soin de répondre à cette question. La personne dépressive est soumise à des états d'âme dans lesquels l'affectivité prend une large part. Son visage parle et plaide pour elle[8].

N'importe quel regard exercé est capable de lire sur un visage ces variations et de noter dans une discussion les changements de dispositions d'esprit de l'autre, lisibles dans l'ouverture d'un de ces yeux. Ces variations deviennent peu à peu des caractéristiques et chaque être humain a au bout du compte une partie du visage plus activée que l'autre, une moitié du visage plus ouverte et développée que l'autre. Mesdames, messieurs, à vos miroirs.

Corrélons ces observations sur les formes d'ouverture lues à travers les configurations du cerveau et observées sur les corps avec d'autres recherches faites à d'autres époques ou ailleurs sur d'autres continents.
Les ratiocinations de notre logique occidentale conduisent très souvent à dire que l'intelligence émotionnelle serait une intelligence féminine complémentaire à l'intelligence masculine logique et rationnelle. Le bon sens populaire n'hésite pas à opposer « le sixième sens » intuitif de la femme à une logique masculine éduquée à l'aune de saint Thomas : « Je crois ce que je vois. » Un peu comme si les cerveaux masculins et féminins, les logiques masculines et féminines étaient irréductiblement différentes, comme si la gauche de notre corps intuitive s'opposait à sa droite rationnelle. Or, cette inférence liée à la masculinité et à la féminité de nos cerveaux était déjà à l'œuvre bien avant Jésus-Christ, avec des conclusions avoisinantes. Les médecines ayurvédiques et tibétaines distinguaient Ida Nadi, canal de l'énergie féminine,

de Pingala Nadi, canal de l'énergie masculine. L'énergie yin circulait pour ces penseurs dans la gauche du corps humain. Elle était de nature féminine, l'énergie yang masculine circulant pour sa part dans le côté droit, côté yang[9].

Ces observations sont d'autant plus intéressantes et troublantes qu'elles recoupent d'autres observations nées de l'évaluation des mouvements de tête[10].

La tête est posée sur des épaules... nous avons, au cours de notre vie, croisé des centaines de milliers de têtes posées sur deux fois plus de centaines de milliers d'épaules. Nous avons tous vécu des réunions ou passé de longues soirées en face d'interlocuteurs sans réussir à les comprendre, alors que tout était dit, là, devant nous, à un mètre de regard curieux. Cette situation est d'autant plus paradoxale que l'axe de la tête est une des rares positions que l'être humain ne puisse pas contrôler malgré tous ses efforts. Il est révélateur de l'attitude affective de l'autre face à nous.

Ainsi, face à un partenaire dont la tête reste droite et mieux encore face à une caméra vidéo posée face à soi, notre tête, au hasard de l'argumentation, ne penche pas du même côté selon que nous soyons en proximité affective ou que nous réfléchissions de manière totalement rationnelle[11].

Faisons un test. Regardez les deux photographies suivantes et demandez-vous sur quelle photographie le mannequin propose à son public l'expression la plus douce.

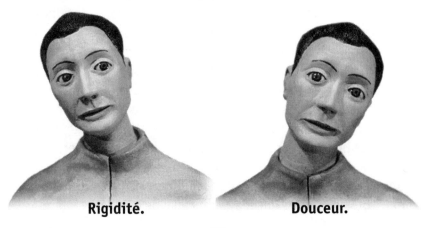

Rigidité.   **Douceur.**

La douceur de notre jeune humanoïde est lue comme la plus « irradiante » lorsque **le visage penche à sa gauche**. En situation de proximité affective, il penche d'ailleurs le visage à sa gauche lorsqu'il est heureux ou évoque une situation dans laquelle il retrouve un univers de douceur.

Par contre, en situation où **les individus** sont pris en défaut, ou **se contractent sous le joug d'émotions négatives, la tête part légèrement sur leur droite.**

Cette réalité relative aux dextralité et sénestralité des penchements de tête est encore effective lorsque l'être humain touche son visage.

Les individus mis en difficulté, lors de prises de décisions affectives, blessantes, qu'ils soient droitiers ou gauchers, se microdémangent le côté gauche du visage.

À l'inverse, face à un mal-être logique, ces mêmes individus incapables de trouver des solutions, ou simplement ennuyés par une question qui par ailleurs ne fait pas naître en eux d'émotions particulières, voient leur visage en proie aux mêmes microdémangeaisons sur son côté droit.

Ces assertions valent également pour l'univers du corps, et deviennent aussitôt une vérité lorsque notre regard s'attarde sur les micromouvements du corps. L'homme traduit son émotion par un geste moteur répondant à une microdémangeaison sur le côté gauche de son corps ; et se microdémange le côté droit face à une difficulté logique incontournable.

Une cartographie claire du visage se dessine avec deux parties distinctes de notre être. Microdémangé ou microcaressé sur le côté gauche, notre être répond à un module[12] du cerveau droit qui le projette dans un état d'être dans lequel l'émotionnel tient la place prépondérante. Notre être droit stimulé par un module du cerveau gauche renvoie davantage à une réflexion argumentée par la logique « brute ».

Cette règle de logique hémisphérique est extrêmement efficace pour nous aider à évaluer notre partenaire, mais elle doit être apprise au regard d'une autre règle non moins importante, qui affine la première : la règle d'empathie.

Une règle d'échange : la règle d'empathie

La règle hémisphérique est indispensable pour évaluer l'état d'être de nos partenaires d'échange, mais la règle d'empathie précise cette règle. L'empathie est un mimétisme moteur né dans les premiers jours de la vie[13]. Cultivée ensuite, elle devient une sorte d'imitation physique de l'affliction d'autrui. L'empathie conduit à se mettre avec l'autre, « à sa place », et à ressentir et à éprouver les sentiments qu'il peut éprouver. Il est possible d'éprouver de la sympathie pour quelqu'un sans pour autant éprouver les mêmes sentiments que lui, comme c'est le cas avec l'empathie. En cela, sympathie et empathie sont distinctes l'une de l'autre.

L'empathie est un phénomène assez « naturel » pour les êtres humains qui, dès lors qu'ils sont en situation de proximité affective, épousent les attitudes physiques de l'autre de façon mimétique.

La technique de l'essuie-glace utilise les ressorts de l'empathie en synergologie, afin de permettre d'améliorer la lisibilité d'un entretien. Grâce à cette technique, les dispositions d'esprit de notre interlocuteur sont identifiées avec davantage d'acuité.

L'adepte de cette technique, sans jamais cesser de parler, yeux dans les yeux, cherche le visage de son interlocuteur en plaçant le sien exactement dans le même axe que l'autre visage, tout à fait parallèlement à lui. Puis, l'utilisateur de « l'essuie-glace » déplace sa tête très doucement selon un axe latéral. En situation d'empathie, et seulement en situation d'empathie, l'inclinaison du visage de l'interlocuteur qui est récepteur de l'essuie-glace passe ainsi d'une épaule à l'autre. Pour être certain de la réalité du phénomène, le passage parallèle de la tête d'une épaule sur l'autre peut être réalisé plusieurs fois dans la même séquence.

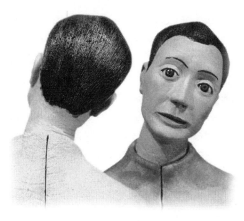

Empathie

Si l'axe du visage de votre partenaire a suivi le vôtre, c'est le signe que votre partenaire « vous suit », aussi bien mentalement que physiquement.
Au contraire, s'il est dans une situation dans laquelle l'axe de sa tête ne bouge pas (il y aura fort à parier que son visage rigide sera alors légèrement penché sur sa droite), il offre la preuve active qu'il refuse l'empathie et que sa logique reste une logique de réussite individuelle. Il joue une stratégie de « cavalier solitaire » qu'il n'a sans doute pas dévoilée ; soyez vigilant.

Le synergologue sait que pour évaluer son partenaire, il lui convient d'épouser la logique de la statue de son partenaire et de se mettre dans la même position que lui. Entré davantage dans son corps, il participe davantage à l'échange de sa pensée et nous renvoie sans doute à un temps où les interlocuteurs nourrissons étaient baignés par le regard fusionnel d'une mère avec laquelle ils ne faisaient qu'un.
Lorsque les êtres humains observent les mêmes attitudes, ils se ressemblent. Et comme pour donner foi au vieil adage « Qui se ressemble, s'assemble », ils montrent que lorsque les êtres cherchent à se ressembler, leur qualité d'échange les distingue. Howard Gardner, dans un ouvrage qui fait date, a classé les formes d'intelligence. Il parle d'intelligence personnelle, et montre notamment combien la capacité de développer l'attention à l'autre, la compréhension de l'autre, est facteur de réussite personnelle et sociale[14].

La règle hémisphérique, qui est une règle analytique (une règle inscrite au cœur de chaque individu), et la règle d'empathie (une règle interactive) permettent au synergologue d'évaluer sans risque d'échec la relation stratégique. Toutefois, la cartographie du visage n'est cependant pas encore complète. Lorsque les mains se posent sur le visage, elles ne se posent pas au hasard sur telle ou telle zone. Et c'est dans l'appropriation par l'homme de son visage qu'il finit d'exprimer toutes ses dispositions d'esprit.

Deux règles d'appropriation individuelle du visage

L'homme pose les mains sur des endroits particuliers de son visage. Zones précises du visage et positions particulières des mains sont les derniers artifices à observer pour lire le mouvement des pensées de l'être humain.

La règle sensorielle

Grâce à ses capteurs sensoriels (yeux, nez, bouche, oreilles), l'être humain aspire le monde et le recrache en hurlant ; c'est l'heure de son premier souffle. Toute la vie entre en lui par les vasques de ses sens. Ils organiseront ses plus grandes jouissances, lui offriront ses plus belles pulsions. Rien d'exceptionnel à « ce qu'il ait plein la bouche » d'un vocabulaire sensoriel, né pour nuancer les sensations projetées du monde vers ses récepteurs sensoriels.

L'être humain a ainsi appris l'harmonie des sons, le classement des odeurs, la nuance des couleurs, les catégories du goût. Mais les mots qui désignent les sens ont eux-mêmes des doubles sens. L'être humain a appris que lorsqu'on lui demande s'il « se sent bien », on ne lui demandait pas d'aller « sentir » son corps ; que lorsqu'on lui enjoint de « croquer la vie à pleines dents », ce n'est pas pour lui voir ouvrir la mâchoire ; « qu'on ne flaire pas la bonne affaire » en reniflant des documents[15]...

Pour que la cartographie du visage puisse être dressée, il a donc fallu que l'éducation soit faite, que le vocabulaire soit intégré.

Les gestes non conscients obstruent le passage de l'événementiel en nous, chaque fois que l'esprit nous intime de ne pas « entendre », de ne pas « voir », ne pas « sentir », ne pas « dire », ne pas « faire ». Le langage est le marqueur privilégié de ces démarches inconscientes : « J'aime mieux me boucher les oreilles que d'entendre ça » ou « c'est quelque chose qu'il ne veut pas voir », « je ne peux pas sentir ce type », « il est fermé comme une huître », « il est trop mal embouché ». Les mains organisées par l'esprit sont coalisées avec lui pour défendre alors les sens contre l'agression de l'environnement. Mais l'environnement n'est pas toujours agresseur, et les mains ne sont pas toujours un rempart. Elles deviennent même le réceptacle et l'amplificateur de l'éveil du monde chaque fois que des sensations agréables filtrent de l'horizon.

Le corps et l'esprit fonctionnent ainsi de pair ; ils s'engagent ensemble dans un pas de deux en s'ouvrant ensemble, en se fermant ensemble. L'esprit pense, le corps bouge. Le corps ressent, l'esprit décode.
Les micromouvements autour du visage effectués grâce aux mains vont donc tour à tour répondre à la même logique. Ils accentuent physiquement le ressenti des sens. Et comme, dans chaque phrase prononcée, dans chaque idée émise, des sujets ou des verbes suggèrent les sens, l'esprit qui incorpore ses idées va donner au corps l'occasion de devenir le braille de ses pensées[16].

Les yeux démangent réellement l'être qui ne veut pas « voir » ce qui se passe et vous le voyez, face à vous, se frotter l'œil. « Ça me gratte. » Effectivement, « ça gratte ». « Ça gratte » parce que la pensée a pris la forme d'une image visuelle que l'être humain aimerait autant ne pas voir. « Un jour, tes ouvriers te laisseront tomber ! » crie le syndicaliste à l'entrepreneur qui répond : « Penses-tu ! » En se microdémangeant l'œil, qu'il ferme. Il refuse de « voir » en face les choses et préfère se gratter l'œil pour « ôter de sa vue » le départ qu'il pressent pourtant.

Face aux choses que l'être humain ne veut pas entendre, il est ramené inconsciemment à son oreille. Elle se trouve démangée sans qu'il n'y prête vraiment attention. Simplement, le doigt surpris à l'entrée du conduit auditif, notre interlocuteur nous « laisse entendre » ce qu'il aurait préféré ne pas « entendre » et qui le dérange. Les gens qui ne « s'entendent pas » auront l'occasion davantage que d'autres de se microdémanger les oreilles. S'ils ne s'entendent pas, c'est d'abord parce qu'ils ne veulent pas écouter ce que dit l'autre. Alors, ils chassent les mots d'une oreille démangée. Et là encore les picotements sont réels.

Il y aura encore les choses que l'on « ne sent pas » et qui démangent la base des narines. N'oublions pas que le bulbe olfactif a sans doute été dans l'histoire de l'humanité le premier organe sensoriel de l'homme, à une époque où l'homme n'était pas encore un être humain[17]. C'est peut-être pour cette raison que parmi tous les micromouvements sur son visage, c'est les mains portées à son nez que l'homme a le langage gestuel le plus riche. Les microdémangeaisons du nez sont les plus nombreuses et corrélativement le terme « sentir » peut s'employer dans une multiciplité de sens, notamment le sens du toucher. Nous verrons plus loin que ce n'est sans doute pas une coïncidence.

Nous parlons de microdémangeaisons et peut-être ne vous étiez-vous jamais rendu compte jusque-là que vous vous démangiez, simplement parce qu'il s'agit de démangeaisons qui disparaissent très vite, dès que nous grattons la zone du visage incriminée.
Pourquoi est-ce que certains picotements se produisent sur le visage ou sur le corps ? Simplement parce que chaque cellule résonne sur une fréquence qui lui est propre et que les fréquences cellulaires se transformant en fréquences tissulaires puis en fréquences organiques prennent la forme d'ondes qui résonnent dans notre corps[18].

Le processus est complexe, mais en même temps les choses pourraient être assez simples. L'homme émet une pensée au cours de laquelle un mot renvoyant à un sens particulier fonctionne pour son interlocuteur comme stimulus en direction de ce sens alerté. Cette alerte se traduit par des picotements que l'être humain « éteint » en se microdémangeant. L'homme va ainsi alerter son corps (les démangeaisons) et le calmer (grattements) au terme d'une boucle rétroactive. Mais les choses se sont passées tellement vite que l'être humain n'a pas réellement conscience du processus physiologique à l'œuvre.

Sur un tout autre plan, lorsque l'homme a peur, le sang afflue vers ses jambes. Les ordres donnés par le cerveau sont inconscients. C'est pourtant bien les jambes qui le démangent. Ici, le processus est clair. Une libération massive d'hormones permet la libération d'énergie nécessaire à une action vigoureuse.
Lorsque l'homme pense, le processus est évidemment différent. Le cerveau n'est pas censé donner d'ordres au corps qui n'est pas censé, lui, bouger. Cependant, l'homme n'est pas une plante verte (ce n'est qu'une image, car même chez la plante verte...) et le contenu de ses pensées le touche. Rien d'exceptionnel au fait qu'il ressente des microdémangeaisons sur certaines parties de son visage ou de son corps, nées de la diffusion de certaines fréquences des cellules du système nerveux, au moment où l'homme entend certains mots.

Les mots ont un pouvoir puissant sur le corps. Certains mots très « verts » provoquent des rougissements de pudeur dans les assistances, simplement parce que pudibonderie et érotisme verbal sont des principes difficilement conciliables. Les psychologues, comme les adeptes de la pensée positive, savent toute l'importance de certains mots dans la guérison de certains maux.

Pour le synergologue, le geste exprime le mot non dit ; le geste ramène au mot, le geste ramène également aux maux, peut-être plus sûrement encore... Imprimé sur le visage, le geste épinglé porte donc en lui la solution à la difficulté individuelle, précisément parce que le geste inconscient traduit parfois l'inconscient de la pensée. Pensée inconsciente mais jamais irréelle. Et nous tenons là une des forces de la synergologie. Sa capacité à montrer à l'être humain observé la particularité d'un de ses micromouvements, traducteur d'une pensée latente qu'il a jusque-là refusé d'admettre et qui met un voile sur sa perception de la réalité.

Un geste ouvre un horizon de possibles et c'est parmi plusieurs possibles que choisit le synergologue. Pour être efficace, il a donc dû partir à la recherche d'autres indices méthodologiques. Il avait détaillé les zones sensorielles du visage, après avoir observé la position de la main, compris le rôle des doigts. Il lui restait à appréhender la fulguration du mouvement à travers les microdémangeaisons sur l'espace de ce visage.

La règle du sens du mouvement

L'observation attentive des microdémangeaisons du visage montre que la main ne prend pas toujours la même direction lorsque sur trois centimètres carrés de peau, elle exerce sa pression. La main monte, descend, gratte vers la gauche, gratte vers la droite lorsqu'elle ne s'est pas arrêtée sur une zone particularisée.

Par voie de causalité, **les micromouvements** déplacés par rapport à l'axe du visage et effectués **à la périphérie des joues ou des tempes traduisent la moindre implication effective du sujet observé.**

Mon intérêt est anecdotique.

Au contraire, **plus le picotement revient vers le centre du visage, plus l'implication de l'être humain est grande** et plus la démangeaison se produit autour de la zone du nez.

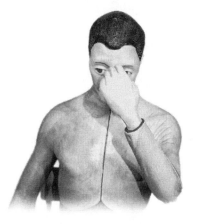

**Mon intérêt
est réel.**

Ces observations nous ont mis sur la piste de l'importance du sens des microdémangeaisons.

Un petit point sur le visage « picote ». L'homme entreprend donc de se débarrasser de cette microdémangeaison ; le sens avec lequel il gratte son visage exprime ses états d'âme.

Il s'agit simplement d'être attentif, mais pour qui a pris l'habitude d'observer le visage, les choses sont extrêmement lisibles.

Prenons quelques exemples que nous développerons plus avant dans la deuxième partie de l'ouvrage.

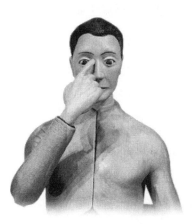

**Je ne veux pas
voir,
ça m'énerve.**

**Ca m'intéresse
fortement.**

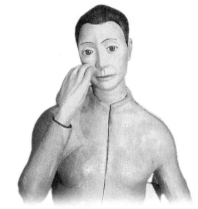

Ces schémas ont l'intérêt de sensibiliser au sens de la microdémangeaison effectuée. Car la microdémangeaison peut être exactement inverse.

**Je ne veux
pas voir.**

En fait, face à la même information, l'être humain peut réagir soit de manière positive, soit de manière négative. Face au même manque, il peut être énervé et vouloir rejeter ou être excité et vouloir savoir.

**Je voudrais
objectivement
savoir.**

Le point de démangeaison est donc toujours au même endroit, mais c'est la direction du geste qui permet de voir comment cette lacune est appréhendée.

Nous ne reviendrons pas systématiquement sur le sens de la microdémangeaison pour chacun des gestes, mais il faudra toujours avoir cela présent à l'esprit.

Microdémangeaison vers l'intérieur du visage :
énervement et fermeture.

Microdémangeaison vers l'extérieur du visage :
excitation et ouverture.

La cartographie du corps ou l'espace des désirs actifs

Pourquoi les mains se posent-elles sur le visage plutôt que sur le corps ou vice versa ? Pour la même raison que nous disons de deux amis qu'ils sont « la tête et les jambes » ; l'essentiel est dit. L'homme est un être de réflexion qui pense avec sa tête et agit avec son corps et ses jambes.

Dans son cerveau, toutes les pensées du ressenti innervent des zones précises du visage. Mais, dès lors qu'il s'agit d'être acteur de sa vie et de ses émotions, les instruments millénaires de l'action et de la fuite de l'être humain, c'est-à-dire son corps et ses membres, sont sollicités.

Pas de conscience du corps sans conscience de l'espace

Le petit d'homme prend très vite son visage à son compte. Mais ses premiers dessins ne contiennent qu'une forme approximative du corps[19], car la prise de conscience du corps est plus lente. Le nourrisson n'hésite pas à chercher à décrocher son pied pour le confier ou l'offrir à sa mère.

L'être humain ne s'appropriera pas son corps propre tant qu'il ne se dirigera pas clairement dans l'espace ; mais les prises de conscience concomitantes de l'espace et du corps marqueront alors à jamais son imaginaire.

L'enfant acquiert la conscience fantasmatique de son corps comme support propre de son être au moment où il investit cérébralement l'espace et où il peut définir celui-ci dans ses trois dimensions. Ainsi, pas de conscience du corps sans conscience de l'environnement, sans conscience de l'espace.

L'homme ne dessine donc entièrement son corps que lorsque, dans l'espace, il a pris entièrement conscience que devant lui était : là où sa « face » regarde et que derrière lui était : là où il y avait son « derrière ». Les choses nous semblent évidentes, mais il faut que l'enfant ait six ou sept ans pour parvenir à réaliser la prouesse de dessiner son corps sans omettre de détail anatomique signifiant. Pas de conscience du corps sans conscience de l'espace, c'est le credo.

La conception de l'enfant rejoint alors la conscience populaire. Ne dit-on pas que « le passé est derrière nous », que « l'avenir est devant nous » ? Ces concepts généraux marqueront notre esprit bien plus profondément que ce que nous pensions croire et reparaîtront sous la forme claire de microdémangeaisons.

L'être humain ne naît pas seul et loin de tout. Il naît dans un environnement et son histoire est contextualisée. Peu à peu, à mesure qu'il se développe, elle s'inscrit sur son corps.

Les nobles qui, pendant longtemps, ont montré le chemin parce qu'ils étaient devant dans les processions deviennent, à la révolution, une fois déchus, des « ci-devant ». Le « derrière » de l'homme est son « fondement » et le fondement est ce qu'il y a à l'origine ; c'est-à-dire derrière nous. Puis l'homme bâtit l'avenir à partir de ce qui est au fondement. Or, au fondement, à l'origine, « derrière », il y a la matière.

Dans l'espace, l'homme voudrait parfois s'en aller, fausser compagnie, il voudrait « tourner le dos », « tourner les talons », et ses désirs en même temps que sa gêne l'empêchent d'échapper à la relation. Ses désirs contradictoires se traduiront par des microdémangeaisons sur toutes les parties dorsales de son corps (voir troisième partie).

Inversement, l'homme aime « faire face », « aller de l'avant », « aller là où les choses le poussent » lorsque « rien ne le retient », « prendre un nouveau départ ». Il cherche aussi « à se rapprocher » et l'esprit et le corps conjuguent leurs efforts pour arriver ensemble. L'homme éprouve des microdémangeaisons sur le « devant » de son corps.

À une période précise de l'humanité, deux êtres humains ont décidé de se tourner l'un vers l'autre pour faire l'amour face à face[20]. Face à face, les êtres humains se parlent, s'expliquent. Amant, la nuit vous regardez votre partenaire, vous lui faites face, mais il suffit pourtant simplement que vous fassiez subir à votre corps une rotation de 90 degrés pour que tout à coup votre rapport à l'autre se transforme. Vous basculez dans un mode de relation où celui qui décide de tourner le dos s'échappe.

Les gens qui ont pris le train à une époque où, dans les wagons, les voyageurs se faisaient encore face savent que lorsque nous sommes heureux du départ, nous nous plaçons dans le sens de marche du train, alors que lorsque nous quittons à regret un endroit ou des « proches », nous restons assis le visage face à la destination quittée. Au bout du compte, ça ne modifie pas la destination du train. Notre réflexe est tout bonnement stupide, nous le savons. Mais en même temps, pour celui qui s'assied, les choses ne sont pas seulement symboliques ; du point de vue sensoriel, le voyage n'est pas vécu de la même manière. Cet exemple ne nous renvoie pas directement aux microdémangeaisons, mais il permet de comprendre que l'espace résonne dans le cerveau, que l'espace raisonne dans le cerveau et que le cerveau prend en compte l'environnement de façon beaucoup plus certaine que le bon sens ne permettrait seul de le croire[21].

Les microdémangeaisons ou le désir de microcaresses se produisent sur notre corps « devant » ou « derrière » celui-ci, mais cela est encore assez vague et il faut cerner davantage le corps pour bien délimiter les causes des microdémangeaisons.

Les fonctions du corps et des membres humains dans l'espace

Le corps de l'être humain est constitué de trois entités : un tronc, deux bras, deux jambes.

Au centre du tronc trône le cœur de l'homme, là où est l'ego de l'être.
Avec ses bras, l'être humain s'attache aux situations ou s'en défend. Ses jambes, au contraire, seront pour lui les moyens de sa fuite. Grâce à elles, il peut espérer échapper à l'ennemi ou courir vers ses proches.

Évidemment, les fuites ou les conquêtes, se défendre ou attaquer, sont des figures de style. Deux amis qui ont « échappé au pire » au cours d'une réunion n'ont sans doute pas désiré prendre leurs jambes à leur cou, pour « échapper » au pire. Celui qui a par chance « échappé à la maladie » le doit sans doute davantage à son moral qu'à ses jambes. Les fuites métaphoriques sont d'ailleurs parfois bien aussi visuelles que les fuites physiques. L'alcool ou la drogue constituent des exemples malheureux de fuites où personne ne part vraiment, même si personne n'est plus vraiment là[22].

La face antérieure et la face postérieure

À partir du moment où le petit d'homme s'approprie l'espace, où il imagine et conceptualise qu'il y a devant lui un « devant », et derrière lui un « derrière », c'est qu'il a conscience de son unité corporelle. Inconsciemment, sa vie durant, il va retraduire ces idées simples et il va montrer avec son corps qu'il « veut aller vers » ou « partir de ».

L'homme a une face antérieure pour aller vers l'autre ; cette face est devant lui. Elle est représentée par son torse, le devant de ses jambes. Son être s'exprime là où est son cœur. Dans l'amour, les êtres humains « tombent dans les bras » l'un de l'autre. Ils ne sont plus « dos à dos », comme sont renvoyés dos à dos les adversaires. Chaque fois que l'être manipule ou touche les surfaces placées devant lui, il montre son désir de la relation avec, son désir d'aller vers. D'ailleurs, sa face antérieure est beaucoup plus tendre que sa face postérieure. Regardez la chair de l'intérieur du bras, elle est beaucoup plus sensible que la chair qui se trouve à l'extérieur.

Ces processus sont d'ailleurs partiellement innés. L'enfant, dès la naissance, repoussera les caresses sur son dos en se cambrant alors que lorsqu'on le caresse sur le ventre il aura tendance à avancer pour être caressé plus fortement[23].

Sur la face antérieure de ses bras, c'est-à-dire sur l'intérieur de ceux-ci, l'homme, en se démangeant, inscrit son désir réprimé de prendre l'autre dans ses bras, « d'embrasser » une carrière ou des idées.

Bien-être.

Au contraire, la face extérieure est la face que le boxeur présente à l'adversaire lorsqu'il se prépare à recevoir les coups et se protège.

Mal-être.

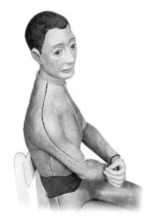

Les gestes produits sur la face extérieure de ses bras et avant-bras sont la réponse inconsciente à l'agression souvent non moins inconsciente de l'autre.

Les jambes sont l'organe du déplacement. Avec là encore une face interne, microdémangée lorsqu'elle cherche le rapprochement, et une face externe qui, au contraire, signifie le désir de fuite ou de départ.
L'homme utilise très différemment son corps selon sa position dans l'espace et notamment selon qu'il est assis ou debout. Lorsqu'il est debout, sa gestuelle est beaucoup plus libre et les mains partent volontiers se promener sur le corps. Mais, dès lors qu'il s'assied, le corps est partiellement oublié. Et comme la situation assise rend plus difficile toute esquive par la fuite du corps, c'est sur le visage que se portent les mains.

Évidemment, les muscles plus particuliers de chaque partie du corps permettent encore d'affiner ce que nous disons ; mais nous avons d'ores et déjà les clés pour comprendre tous les phénomènes à l'œuvre, et nous pouvons entrer dans l'étape de la description.

NOTES

1. Récemment, plusieurs expériences réalisées à partir de stimulations électriques ou mécaniques produites sur une région précise du corps ont permis de recueillir sur l'écorce cérébrale, à un endroit également précis, l'impact de la stimulation. Cf. Jean-Louis Juan de Mendoza, *Cerveau droit, cerveau gauche*, Paris, Flammarion, Coll. « Dominos », 1995.

2. Cet hémisphère est capable de percevoir, à l'intonation et à sa tonalité, l'expression d'une émotion et le retentissement émotionnel des événements vécus par l'individu. Le cerveau droit est également capable de décoder et d'exprimer par les manifestations corporelles (rires, mimiques faciales...) une émotion brute non verbalisée explicitement. Ainsi, par exemple, des individus présentant une lésion temporale du cerveau droit se révèlent incapables d'identifier à la tonalité une émotion triste, joyeuse, étonnée. Ils deviennent également incapables d'identifier la teneur émotionnelle de postures ou mimiques conventionnelles. Mendoza, *Cerveau droit, cerveau gauche, op. cit.*

3. Zaidel, E. et R. W. Sperry, « Left and Right Intelligence : Cas studies of Raven's progressives matrices following brain bisection and hemidecortication », *Cortex,* 1981.

4. Ce qui permet à Howard Gardner de dire que « même dans la perspective des tests d'intelligence, il semble que le système nerveux soit loin d'être équipotentiel ». Gardner, Howard, *Frames of mind,* New York, Basic Books, 1983.

5. Sur un plan pathologique, les maladies psychosomatiques expriment très bien la réalité de ce phénomène.

6. Nous avons proposé un entretien vidéo à 287 des participants à nos séminaires. Une question ouverte leur était posée : « *Qu'attendez-vous de la vie ?* » Il leur était demandé de parler une minute face à la caméra. Un certain nombre de nos

découvertes sont nées du dépouillement visuel de ce questionnaire vidéo.

7. Ce phénomène a été abondamment étudié par les spécialistes de Programmation neurolinguistique.

8. Certains auteurs distinguent des types de comportements « purs », correspondant à des états pathologiques. Françoise Minkovska, dès 1952, à travers les dessins d'enfants, a déterminé un type pathologique sensoriel correspondant à l'épilepsie et un type rationnel schizophrénique. Cf. Minkovski, E., « Les Dessins d'enfants dans l'œuvre de Françoise Minkovska », *Annales médico-psychologiques,* déc. 1952, pp. 711-712.

9. Larroche, Michel, *Mes cellules se souviennent,* Paris, Guy Trédaniel, 1994.

10. ... surprises par nos caméras au hasard d'entretiens vidéos. Ces assertions sont évidemment contrôlables.

11. Vous pourrez découvrir, dans ce domaine, une approche intégrant d'autres indicateurs : Doise, W. et S. Moscovici, *Current issues in european psychology,* Cambridge University Press, 1983. Leur analyse est très fouillée, mais le pragmatisme scientifique de leur analyse limite à notre sens l'ambition de leurs évaluations pour tout ce qui concerne l'empathie mesurée à l'aune de l'inclinaison des mouvements de tête. En français, une recension intéressante d'un article de cet ouvrage est paru dans: *La Communication non verbale,* sous la direction de J. Cosnier et A. Brossard, Lausanne, Delachaux et Niestlé, 1993.

12. Il est important de parler de modules du cerveau situés dans le cerveau droit et de modules situés dans le cerveau gauche et de ne pas globaliser totalement les deux cerveaux même si pour plus de facilité de compréhension nous parlons effectivement de cerveau droit et de cerveau gauche. Sur la complexité de la modularité, cf. le très bon ouvrage : Gazza-nigga, Michel, *Le Cerveau social,* Paris, Odile Jacob, Coll. « Opus », 1996.

13. Ce terme a été forgé par un psychologue américain, Edward Bradford Titchener. Une remarquable analyse de l'empathie est effectuée dans : Goleman, Daniel, *L'Intelligence émotionnelle, op. cit.*

14. Cf. Gardner, Howard, *op. cit.*

15. Un empire aussi important que l'église chrétienne est fondé sur le double sens d'un mot : « *Tu es Pierre et sur cette pierre je bâtirai mon église.* » (Jésus-Christ)

16. Cf. *Le Rêve de Lucie* avec la collaboration de Yves Coppens. Dans cet ouvrage, toutes les pensées sont mises en mots avec pour seule référence l'univers sensoriel.

17. Ackerman, Diane, *Le Livre des sens*, Paris, Le livre de poche. Dans ce livre, l'auteur nous parle de ce bulbe olfactif avec un remarquable chapitre sur le nez. Peut-être le meilleur du livre.

18. Larroche, Michel, *Mes cellules se souviennent, op. cit.*

19. Cette règle a été élaborée à partir d'une expérience. Il était demandé à un groupe d'individus d'observer des objets avant qu'ils ne soient escamotés. Ces mêmes participants devaient ensuite, de mémoire, retrouver les objets escamotés. La capacité de mémorisation n'est pas l'enjeu principal de cette expérience même si c'est ce qui était affirmé aux participants. Il s'agissait en réalité de mesurer le langage non verbal d'êtres humains en situation de concentration maximale. La gestuelle des sujets de l'expérience a révélé une constante: les sujets étudiés voient leurs mains se poser sur le centre de leur visage pour maximiser leur concentration. Divers autres exercices ou récits filmés montrent que le retour avec les mains dans la zone centrale du visage (le plus souvent entre les yeux) est toujours le propre de gens touchés très personnellement par les situations qu'ils racontent ou sont en train de vivre.

20. C'est un des thèmes centraux du film de Jean-Jacques Annaud, *La Guerre du feu*.

21. L'écriture fait le même travail sur l'esprit : Les publicistes savent bien d'ailleurs que parce que l'homme écrit de gauche à droite, il lit de manière inconsciente le passé sur sa gauche et l'avenir à sa droite. Ainsi, une voiture qui se déplace dans une page depuis la gauche de l'image vers sa droite semble aller plus vite qu'une voiture qui part de la droite de l'image vers sa gauche et qui semble revenir en arrière. La première va vite, la seconde symbolise le passé, mais également et surtout la sécurité.

22. Laborit, Henri, *Éloge de la fuite*, op. cit.

23. Robert-Ouvray, Suzanne B., *Intégration motrice et développement psychique*, Paris, Desclée de Brouwer, 1997, 276 pages.

« *Le visage est le principal des mouvements de l'âme et les gestes prennent ici le nom de mines.* »

Engel, Idées sur le geste et l'observation théâtrale, *Paris, 1795*

« *Car la nature n'a pas seulement donné à l'homme la voix et la langue, pour être les interprètes de ses pensées, mais dans la défiance qu'elle a eue qu'il en pouvait abuser, elle a encore fait parler son front et ses yeux pour les démentir, quand elles ne seraient pas fidèles. En un mot elle a rendu toute son âme au dehors, et il n'est point besoin de fenêtre pour voir ses mouvements, ses inclinaisons et ses habitudes, parce qu'elles paraissent sur le visage et qu'elles y sont écrites en caractères si visibles et si manifestes.* »

Cureau de la Chambre

DEUXIÈME PARTIE

LE LEXIQUE DU VISAGE

« *Même un seul cheveu a son ombre.* »

Publius Syrus (Ier siècle après J.-C.)

« *Le puissant symbolisme des cheveux s'est forgé au cours de l'histoire. Cet élément de notre corps fut peut-être le plus sujet aux changements, décorations, substitutions et superstitions.* »

Jane Lyle

CHAPITRE 5

L'ORGANE DE BEAUTÉ DES CHEVEUX

Les cheveux, avec les ongles, aux mêmes propriétés biochimiques qu'eux, mènent une vie autonome sur le corps de l'homme. Leur croissance atypique associée aux legs des traditions ont marqué profondément nos inconscients. Et les cheveux ne sont jamais manipulés sans que nos gestes ne soient lourds de symbolisme.

Les cheveux : les plumes d'un paon rêveur

La croissance des cheveux se poursuit après la mort du corps et semble obéir à des stimulations biologiques différentes de celles qui ordonnent la vie du corps humain. À ce titre, nombre d'adeptes de croyances spirituelles lisent en eux l'expression du divin, depuis la « mèche d'Allah » des Arabes jusqu'à la tresse empreinte de spiritualité des Chinois, en passant par la Bible[1]. Dans le texte chrétien, l'apôtre Paul exprime le trouble que peuvent créer les cheveux : « Les cheveux de la femme sont la gloire de l'homme » tandis que « les cheveux de l'homme sont la gloire de Dieu[2] ». Pour cette raison, il recommande à l'homme de se découvrir dans la prière et à la femme de rester voilée. Les cheveux étaient la marque de la force divine dans nombre de sociétés déistes et depuis qu'avec Nietzsche[3], philosophiquement, l'être humain a pris en lui la part de Dieu, les cheveux sont l'expression de la force et du rayonnement de l'homme.

La force symbolique des microcaresses des plumes du paon

Avec ses cheveux, l'être humain sculpte les reliefs de son visage à son gré, architecture son apparence et fait passer toute sa personnalité dans un cran qui tombe ou une mèche rebelle exactement apprêtée. Les cheveux sont objet de séduction et, de la même manière que le paon lisse ses plumes lorsqu'il est en compagnie, les cheveux sont l'organe de parure de l'Homme. Avec eux, l'individu-narcisse pare sa beauté et apprête son être tout entier. Pourtant, si la chevelure participe au charme qu'elle renforce, la longueur des cheveux distingue les sexes.

La culture masculine impose le poil court et elle met en pratique cette antienne à une occasion rituelle : le service militaire. L'homme aux cheveux longs apprend alors à ses dépens que le prestige de l'uniforme masculin implique des cheveux courts. Le poil court impose la rigueur, le sérieux et l'allégeance à l'autorité. Et ce, depuis Samson indompté jusqu'au punk de nos cités, le poil en crête, le cheveu décoloré, en passant par le héros romantique qui, les cheveux longs, rejette la rigueur morale pour se laisser guider par ses états d'âme. Les cheveux des femmes infidèles ou des prostituées étaient tondus, il n'y a pas si longtemps, pour inscrire la norme dans le corps[4]. Nous disons toujours de celles qui, le matin, ne sont pas apprêtées et n'ont pas encore socialisé leur apparence qu'elles sont « en cheveux ».

La symbolique autour de la chevelure est donc très forte. Auréole ou couronne des temps modernes, elle touche la tête et à travers elle « ce qui est à la tête ».
L'esprit de chacun étant chargé d'inscrire sur chaque corps le poids « évangélique » des traditions, la main ne s'égare plus dans les cheveux au hasard. Elle crie, élancée au-dessus des yeux, dégageant le corps qu'elle offre au regard, la volonté de plaire et le désir de reconnaissance sensuel des êtres humains.

Les gestes dans les cheveux expriment un désir sensuel. L'être humain qui montre son cheveu montre son corps. Observez d'ailleurs celles et ceux chez qui l'âge a ravalé les intérêts du corps au rang de problèmes du corps. Ils ont peu à peu oublié les plaisirs de la chair et parallèlement leurs mains ne s'arrêtent plus dans les cheveux pour les toucher ou les masser.

Je suis une femme.

Je vous montre
ma présence
sensuelle.

(geste mi-conscient,
mi-inconscient)

La main vient dans les cheveux pour les apprêter, les recoiffer.
Cette situation se rencontre davantage chez les gens qui ont
les cheveux longs que chez les têtes à cheveux courts, à certaines exceptions près toujours possibles. Ce geste se rencontre
chez les femmes lorsqu'elles s'apprêtent pour plaire. La femme
a lu tout son charme dans le regard de l'homme qu'elle croise
et ce regard « regardant » la ramène à elle. Certes, elle cherche
à plaire à l'homme, mais peut-être davantage parce que le regard
sexué du mâle l'a renvoyée à sa « femellité » qu'en raison de
son physique d'homme plaisant.

L'attitude main dans les cheveux se rencontre très souvent à
une occasion : **l'image de rappel agréable**[5].

Les images de rappel sont constituées des informations visuelles
(images et souvenirs) engrangées dans le cerveau et que
l'homme retrouve chaque fois qu'il en a besoin. Par exemple,
vous marchez dans la rue, au loin quelqu'un vous reconnaît.
Comment a-t-il fait ? Simplement en retrouvant dans son cerveau,
parmi des milliards d'informations stockées, l'information vous
concernant. Cette image étiquetée est simplement appelée : la
mémoire. Cette image de rappel est soit la dernière image, soit
l'image la plus chargée de sensations. Elle est faite d'un
ensemble de pulsions subreptices, d'émotions passagères et
peut-être de sentiments durables. Elle est lourdement chargée

d'affects, positifs ou négatifs, et pourtant la personne n'a pas conscience du poids affectif de cette image, ni même d'ailleurs qu'elle soit apparue. Elle est d'ailleurs apparue très vite et elle a disparu aussi vite.

En même temps, elle a permis qu'autrui nous reconnaisse. Elle a déchargé toute sa force, tout son pouvoir d'émotivité, provoqué en nous des sensations que nous traduisons corporellement. Nous éprouvons instantanément un état que notre corps traduit dans l'instant.

Si nous parvenons à capter le premier geste que fait l'autre en nous voyant, nous avons la possibilité de savoir exactement ce qu'il ressent à notre égard. Il va donc importer d'être capable immédiatement de lire la réaction corporelle de l'autre lorsqu'il nous aperçoit parce qu'ensuite, il fabrique une attitude et les gestes suivants sont beaucoup moins intéressants.

Si le souvenir de l'image de rappel est agréable, l'autre personne, fréquemment, surtout si elle est une femme (parce qu'elle a des cheveux plus longs), se passe la main dans les cheveux en retrouvant notre image. Dans ce geste subreptice né de l'image de rappel et aussitôt disparu, la personne non consciente de la décharge émotionnelle qu'elle voit produite en elle (à des exceptions toujours possibles) montre un court laps de temps que vous lui plaisez ou qu'elle vous trouve agréable.

À mi-chemin entre la microcaresse traditionnelle et la microfixation corporelle se trouve cette attitude :

**Je suis bien
avec vous.**

Si **la main caresse une mèche le bras en direction de son interlocuteur,** le cheveu tendu vers lui, la réflexion-caresse est adressée à son intention.

Syner est en situation de réflexion. Il adresse à votre attention un regard amical.

Les cheveux autour d'un doigt et les cheveux autour d'un poing

À côté de ces gestes lascifs, il existe curieusement d'autres gestes dans lesquels les cheveux deviennent un outil de gestion du stress.

**J'ai une idée
derrière la
tête.**
Je reviens
sur moi.

La personne qui **prend une mèche avec l'index** et qui tourne celle ci autour d'un doigt revient à elle dans une attitude mêlant concentration légère et naissance de stress.

La main dans les cheveux, la personne est toujours un peu rêveuse, un peu songeuse. Les femmes dont les mains se promènent souvent dans les cheveux qu'elles tirent légèrement sont souvent des femmes rêveuses. Le cheveu s'est fait fil pour des Ariane à la poursuite de leurs rêves.

Une poignée de cheveux dans la main, le rapport est très différent. Cette poignée de cheveux masque le poing fermé de l'agressivité. L'interlocutrice met dans ses cheveux le poing qu'elle nous mettrait bien dans la figure.

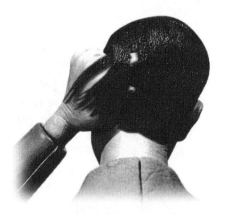

Cette situation m'énerve.

Au contraire, la main dans le cuir chevelu, l'être humain est renvoyé au concret des situations. La main redevient besogneuse ; prenons la mesure de la besogne.

Le cuir chevelu ou « la tête à l'envers »

Avec le cuir chevelu, la main se trouve sur la face postérieure de l'individu du côté de sa nuque. Or, l'homme se microdémange l'arrière de la tête lorsqu'il doit prendre des décisions qu'il n'a pas envie de prendre. Sa main s'est déjà sauvée derrière sa tête, elle attend que le corps la suive.

L'homme voudrait tourner le dos au problème. Le cuir chevelu démange parce qu'il faut prendre position dans des termes qui ne lui conviennent pas.

Plusieurs zones dissociées doivent être prises en considération parce qu'elles sont révélatrices de plusieurs attitudes différentes.

À la base du cou, les microdémangeaisons nourries par l'agressivité inhibée

Les trois situations qui vont suivre expriment des gestes presque similaires, et pourtant...

Positivons ce qui m'énerve.
Le pouce levé, notre interlocuteur est très énervé mais il positive. Il cherche une faille.

La situation dans laquelle **le pouce** intervient sur **la base du cou** est sans aucun doute la moins agressive. Le pouce levé, la personne est très énervée mais elle sait comment elle va réagir et elle est en train de positiver la situation.

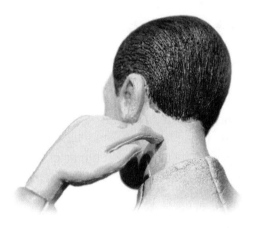

Je suis jaloux.
Je perds de ma
superbe et
de mon autorité
face à l'autre
(aux autres).

Dans la deuxième situation, **l'index gratte le bas de la nuque.** Cette situation a été observée chaque fois que la jalousie était devenue le moteur du langage non verbal. Souvenons-nous que l'index porte en lui l'ego, le « je ». Aussi incroyable que cela puisse paraître, nos observations sont toutes congruentes : la personne qui intervient sur la base de sa nuque avec l'index est jalouse.

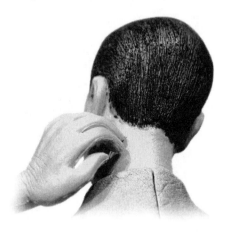

**Je suis
énervé.**
La situation
m'énerve.

Avec la troisième microdémangeaison observée, la réponse est encore différente. La même volonté instinctive de répondre par la pulsion agressive se note aux mêmes picotements, mais les circonstances sont encore différentes ; l'individu n'est pas jaloux, mais il n'est pas parvenu pour autant à positiver la situation déplaisante. Son désir instinctif inhibé est très fort.

Au milieu de la tête : la peur d'être blessant

La forte agressivité latente se transforme à mesure que les zones de microdémangeaisons se déplacent en démontrant une difficulté à gérer, un problème affectif.

L'homme doit prendre une décision, mais il est dérangé parce que cette prise de décision risque d'être blessante. La **microdémangeaison** est produite dans le dos, **derrière la tête**. Il cherche à fuir des responsabilités auxquelles il ne pourra pas couper, mais qu'il ne veut prendre ni ici ni maintenant. Il craint la blessure affective qu'il risquerait de provoquer chez l'autre si, au lieu de prendre des précautions pour répondre, il le faisait « *de but en blanc* », sans ménagements. La microdémangeaison est produite par la volonté de répondre avec tact. Ce type de geste naît souvent dans une situation dans laquelle le confort affectif est mis en jeu à l'occasion de la discussion.

Cette situation m'ennuie.
La gêne face à cette situation est une gêne de nature affective.
La personne craint de blesser ou de heurter quelqu'un qu'elle apprécie.

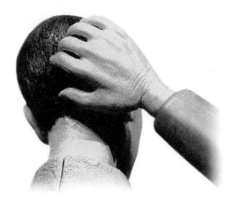

Notre interlocuteur est très réellement embarrassé. Et très réellement, il ne sait pas par quel bout prendre le problème. Il s'agit, face à ce type de difficulté, d'aider notre interlocuteur à trouver des solutions. Son geste plaide pour lui. Il traduit trop clairement son embarras.

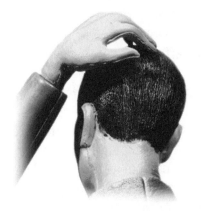

Ce problème est réellement compliqué. Je me demande vraiment comment je vais m'en sortir.

Enfin, il restait à observer la microdémangeaison apparue à la suite d'un problème d'ordre logique. La personne qui **se démange au sommet de la tête** sait qu'elle ne trouvera pas la solution qu'elle cherche, c'est d'ailleurs pour cette raison que l'arrière de son cuir chevelu « picote ». L'être humain se sortira de la situation dans laquelle il se trouve par une pirouette verbale qui n'a qu'un lointain rapport avec une véritable solution.

NOTES

1. Cf. De Souzenelle, Annick, *Le Symbolisme du corps humain*, Paris, Albin Michel, 1991.

2. *La Bible*, 1 Co 11.

3. Nietzsche, Friedrich, *Ecce homo*, Paris, Gallimard.

4. Ancelin-Schutzenberger, Anne, Thèse de doctorat de psychologie.

5. L'image de rappel est particulièrement bien décrite dans l'ouvrage d'Antonio Damasio, *L'Erreur de Descartes*, Paris, Odile Jacob, 1996.

« Chaque homme porte sur son front, à la manière d'un hiéroglyphe, l'écriture de son destin. »

Jean-Jacques Courtine, Histoire du visage, *1994.*

« Le sourcil est la partie de tout le visage où les passions se font le mieux connaître, quoique plusieurs aient pensé que ce soit dans les yeux. »

Ch. Le Brun, Conférence sur l'expression générale et particulière, *1698*

CHAPITRE 6

LE FRONT ET LES SOURCILS
CONTRE LES IMPASSES DE LA RÉFLEXION

Le crâne est par essence la zone de la réflexion. C'est « sous le chapeau » que les décisions sont prises. Le crâne concentre en lui toutes les potentialités de l'être humain. Qu'est-ce que peut bien « avoir dans le crâne », lorsque « ça bout sous la cafetière », le garçon fantasque ? Les spécialistes de management ne jurent pour leur part que par le « brainstorming », une sorte de « remue-méninges » collectif, susceptible de faire naître de nouvelles idées. Les grands hommes ont des « grosses têtes », des « têtes bien faites », comme si le corps avait disparu derrière un panthéon à cheveux.
Les décisions sont prises sous le crâne dans une zone particulière : le front.

Plus ou moins large selon les individus, le front a une caractéristique constante : plus il est dégarni et plus il règne en sage, comme si le crâne surchauffé par la réflexion avait hâté la chute de ses cheveux[1].

Derrière ces données déconcertantes de simplicité et même de simplisme, une vérité se fait toutefois jour : porté dans une attitude de réflexion, l'homme porte la main sur son front.

L'espace de réflexion du front

L'être humain est en paix ; il alterne microfixations et microcaresses symboliques de sa concentration. L'être humain est énervé, il ne parvient pas à faire prospérer sa réflexion et se trouve heurté à des difficultés. Il connaît alors les affres des microdémangeaisons.

Microcaresses et microfixations du retour sur soi

Le front symbolise le retour narcissique sur soi, nécessaire à la concentration. L'homme « rassemble ses esprits » et les compacte sur la zone centrale de son front pour maximiser son effort intellectuel[2].

La personne masse calmement ses tempes, comme pour calmement masser ses idées. Elle est dans une position de retour sur soi. Dans la chaleur et le bien-être instaurés par cette coupure avec le monde instruite main sur le front, deux attitudes différentes sont observées.

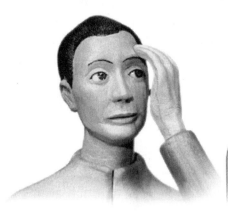 

Je réfléchis.
L'homme masse
ses tempes comme
s'il cherchait
inconsciemment
à se calmer, à
se décontracter.

**Les choses
sont compliquées.**
Situation de
concentration intense.

Dans la première situation, la personne a une certaine difficulté à se concentrer.
Dans la deuxième situation, la concentration est plus intense ; elle est moins caractérisée par la fatigue ou la nervosité de la première attitude.

Les microfixations se distinguent simplement des microcaresses par le caractère de calme imprimé dans le geste. La microcaresse est compulsive, alors que la microfixation exprime la concentration totale. La main est arrêtée sur le front immobile. Plus la main retrouve le centre du visage, plus la concentration est totale. Le retour sur soi n'est plus alors parasité par aucune pensée extérieure. L'être humain pense exclusivement au sujet à traiter, il fait complètement abstraction de l'environnement.

J'ai le problème en main.
La réflexion est intense ; le problème est compliqué, mais la solution est au bout de la quête de concentration.

Il y a quelque chose que je n'arrive pas à comprendre.
La solution n'arrive pas à cause du stress du poing fermé.

Les microdémangeaisons de la complication

Les microdémangeaisons du haut du front naissent et se produisent lorsque des complications surviennent. La personne sait avant même de conclure qu'elle va trouver une information qui ne la satisfera pas. Deux informations antagoniques coexistent. La personne cherche (première information), mais elle sait qu'elle ne trouvera pas (deuxième information). C'est l'antagonisme et la contradiction entre les deux informations qui est productrice de la microdémangeaison. Là encore, plusieurs situations possibles sont induites par la règle du mouvement.

Je voudrais connaître.
Je ne connais pas ce dont tu parles et ça m'intéresse.

Le centre du front exprime l'importance de l'implication personnelle. Plus la main se positionne sur le centre du visage, plus l'intérêt et l'implication personnelles sont fortes.

Je suis très personnellement intéressé
par la recherche des solutions.

Les microdémangeaisons sur le haut du front ne symbolisent ni mensonges ni tricheries et sont le signe de complications à gérer. En toute honnêteté, l'être humain qui se démange le front ne sait pas vraiment comment résoudre la complication.

L'observation détaillée de la main sur le front amène une observation. L'être humain pose la main sur le front lorsqu'il cherche une solution. Mais déjà, alors qu'il entame à peine le processus de réflexion, la forme et la position de la main nous indiquent l'issue de cette réflexion ; un peu comme si, inconsciemment, l'homme qui réfléchissait connaissait, en s'engageant dans la recherche d'une solution, l'aboutissement infructueux de ses investigations.

Sur le plan des motivations humaines, l'attitude de mal-être pourrait à elle seule expliquer l'incapacité à trouver des solutions aussi bien affectives que logiques face aux problèmes. En soi, l'idée n'est pas neuve, elle n'est qu'un précipité de diverses méthodes impliquant la nécessité de la positivité[3].

Les sourcils ou l'enfouissement du passé

Les sourcils sur le visage sont situés à mi-distance entre les yeux et le front. Ils sont la zone située entre ce que l'on voit (les yeux) et ce que l'on connaît (le cerveau).

Les microdémangeaisons sont des attitudes très significatives.

Les microdémangeaisons : la marque de recherches actives

Les sourcils sont un lieu important de microdémangeaisons, parce que c'est autour d'eux que l'homme va rechercher non seulement toutes ses images visuelles, mais également toutes les informations relatives au langage. Lorsque l'homme se microdémange les sourcils dans le sens extérieur (nez vers tempes), c'est comme s'il ouvrait un tiroir pour y retrouver des documents.

Et, par voie de conséquence, face aux informations qu'il ne connaît pas, et qui le dérangent, les mains sur les sourcils, l'homme ferme ses tiroirs en se microdémangeant vers le centre du visage. La microdémangeaison part alors de la tempe pour aller vers le nez.

Nous décrivons ici des directions et non des destinations. La course des micromouvements n'est jamais aussi longue que les destinations que nous indiquons par des flèches.

Lorsque l'être humain, désireux de s'informer, se microdémange le front, il effectue un **micromouvement vers l'extérieur de ses sourcils.**

Je cherche sans grande conviction (temps de recherche pure dans lequel les intérêts affectifs n'ont pas voix).

Au contraire, s'il cherche à se fermer à ce qui lui est présenté, il se **microdémange les sourcils vers l'intérieur** de ceux-ci, en direction du nez. Un mouvement inconscient ferme alors le front à l'autre, comme une fermeture invisible actionnée, qui fermerait les idées. La main revient vers le centre du visage, comme si l'être humain devait se reconcentrer et revenir en lui, pour échapper à ce qu'il ne comprend pas ou ne connaît pas.

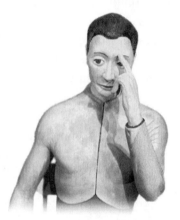

Je ne connais pas ce dont on me parle. Tout cela m'inquiète un peu.

Il arrive également que l'être humain très impliqué ait fortement envie de découvrir ce qui se passe. L'intellect et l'affectif sont alors tous deux fortement impliqués.

Je suis très fortement intéressé. L'implication est très grande, le désir de savoir est fortement présent.

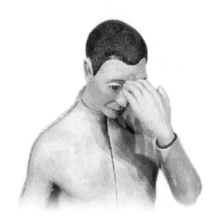

Les microcaresses des sourcils : l'horizon de la délectation

La microcaresse du sourcil est un geste que nous avons tous l'occasion d'observer et de réaliser. Elle prend deux formes différentes.

Je cherche une information. Il faut que je retrouve cette information, car je la connais.

Syner, notre humanoïde, cherche à faire entrer dans le cadre de son raisonnement une information qu'il a cachée quelque part dans son cerveau. Il faudrait qu'il retrouve l'information, alors il « aère les documents » qu'il a stockés sous la boîte crânienne. Nous sommes à mi-chemin entre une attitude de détente et une attitude de concentration. Les choses se font avec lascivité.

Dans la deuxième situation, Syner notre humanoïde cherche à faire entrer avec délectation dans son esprit les raisonnements ou les situations qu'il observe.

Je me délecte
de ce que je vois.

Il lisse ses sourcils **vers l'extérieur** comme il lisse la situation ; « il caresse l'espoir » de la voir perdurer.

NOTES

1. Diverses études sont congruentes sur ce sujet. Dans les cinq premières minutes de la rencontre et avant qu'ils se soient mis à parler, les hommes au crâne dégarni comme ceux qui portent des lunettes voient leur QI surévalué par rapport à ce qu'il sera jugé par la suite.

2. Auguste Rodin, le sculpteur, qui par ailleurs était un magnifique observateur de la ciselure des muscles du corps humain, ne s'était sans doute pas interrogé avec autant d'acuité sur le sens des micromouvements corporels de l'individu, sans quoi il aurait appelé son penseur : le boudeur ou le dubitatif.

3. Émile Coué, du nom d'un pharmacien qui, au début du siècle, bâtit une théorie autour de l'idée « qu'il suffit de croire pour le voir ». En fait, sa théorie est beaucoup plus riche qu'il n'y paraît, et il nous explique très sérieusement qu'entre la volonté et l'imagination, l'esprit choisit toujours l'imagination lorsqu'il s'agit de prendre une décision. Les théories de Festinger sur la dissonance cognitive reprennent la même idée dans le domaine de la psychosociologie, même si Émile Coué n'est pas une de leurs références avouées.

« Quand on considère les épreuves que doivent si souvent affronter ceux qui naissent sourds, ou le deviennent au tout début de leur vie, on s'aperçoit que c'est là (dans la relation existant entre le langage et la pensée) que réside le problème le plus profond et le plus fondamental. »

Oliviers Sacks, Des yeux pour entendre

CHAPITRE 7

LES OREILLES : UN RÉCEPTACLE POUR LES MOTS

La plupart de nos récepteurs sont concentrés au centre de notre visage. Trois de nos cinq sens viennent même y trouver la source de leur sensibilité (oreilles, yeux, nez), deux doigts au-dessus de l'ouverture de la bouche. Les spécialistes de l'étude du visage[1] désignent cette zone comme le lieu de l'affectif. Pour eux, des récepteurs largement ouverts traduiront, par leur forme même, la volonté de communication de l'individu ainsi ouvert au monde. Les multiples interférences de la zone centrale du visage avec l'environnement expliquent qu'autour de ce centre, la main se perdra davantage que sur toute autre parcelle du visage ou du corps.

Les mots encodés en phrases, affluents du discours ; les bruits groupés en sons construits, préludes de la musique ; tout ce que l'univers compte de sonorités sur certaines longueurs d'ondes précises est absorbé par notre cerveau dès que les sons mouillent à encablure d'oreilles.
L'oreille happe tous les sons sans les trier. Certaines sonorités trop fortes, certaines longueurs d'ondes déchirent nos tympans, certaines phrases ou expressions « choquent » l'oreille et les gestes se font le témoin des choses « qui n'étaient pas bonnes à dire », donc à entendre et que pourtant, nous avons entendues. Le sens de l'ouïe prend des formes métaphoriques dans de multiples expressions. Ainsi, par exemple, dans l'expression « arriverons-nous à nous entendre », le sens auditif est devenu métaphorique, « c'est une expression ». Dans la phrase « tu vois ce que je veux dire », l'organe de la vision a même été substitué à l'organe auditif sans raison apparente.

L'être humain est généralement bien élevé et ne cille pas lorsqu'il entend des choses qui ne sont pas pour lui « bonnes à entendre », mais son corps réagit, lui, aux vocables évocateurs des sens. Des mots sont entrés dans son oreille et il n'aura de cesse de les faire sortir pour extirper le germe des « maux » dont les mots sont porteurs.

Détaillons cet antre sensoriel.

Les microdémangeaisons ou l'exclusion du langage

Le geste de **microdémangeaison de l'oreille** est un geste traditionnel bien connu.

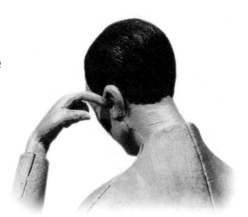

J'aurais mieux aimé ne pas entendre cela.
Les mots maladroits ou déplacés produisent des picotements dans l'oreille.

Les mots sont entrés en passant par le pavillon de l'oreille. Ils se sont ensuite glissés sur le tympan qui résonne encore des phrases entendues. Ils produisent en lui des picotements forts. Des informations intruses heurtent le tympan réactif de l'oreille. Elles résonnent et raisonnent en nous d'un écho désagréable[2].

Les propos qui nous dérangent

À côté de ces gestes clairement répertoriés et identifiés, deux autres microdémangeaisons cohabitent.

**Ce que tu me dis
me dérange
intellectuellement.**
La teneur des
propos intellectuels
ou flattant
l'idéalisme
dérange.

Les **microdémangeaisons du haut du pavillon de l'oreille** se produisent dans toutes les situations où les propos dérangent notre idéalisme. Elles se produisent également si les questions posées sont des questions compliquées que nous aurions préféré ne pas « entendre ». (Si nous avions dit ne pas « voir », notre cerveau aurait sans doute alerté les yeux.)

Les **microdémangeaisons du lobe de l'oreille** renvoient à nos valeurs matérielles. Elles sont dérangées par les propos de la personne qui nous parle.

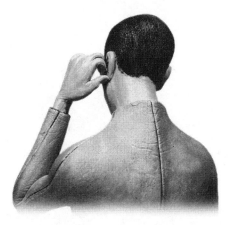

**Ce que tu dis
m'énerve.**
Tes propos
me dérangent.

Les propos qui ne nous regardent pas

Nous ne serions pas exhaustifs si nous n'évoquions les deux dernières microdémangeaisons de l'oreille, d'autant qu'elles sont toutes deux fréquemment observées.

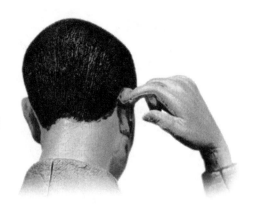

**Ces idées ne nous
regardent pas.**
La confidentialité
forcée de la relation
dérange la pudeur
de notre
interlocuteur.

Des picotements sur la face externe de l'oreille naissent lorsque les propos entendus ne regardent pas celui qui les entend. Et ce d'autant que sa présence semble importante pour l'interlocuteur qui dégoise sans s'interrompre. D'un point de vue topographique, **le haut du pavillon** est concerné chaque fois que se trouve affecté **l'ordre des idées** ou celui des « grands » sentiments, alors que les **valeurs matérielles** et le domaine des pulsions marqueront leur territoire sur **le bas du lobe de l'oreille.**

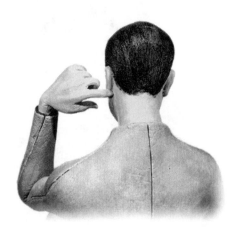

**Ces situations
concrètes
ne nous regardent
pas.**
Notre interlocuteur
a le sentiment
que
les thèmes abordés
ne le concernent pas.

Ces mêmes microdémangeaisons se produisent de façon plus étonnante encore lorsque l'être humain est seul avec ses pensées. La remémoration d'une discussion dérangeante pour son propre confort ou un échange imaginaire meurtrissant suffisent à engendrer des picotements subversifs dans l'oreille.

La prochaine fois que vous serez seul et que votre doigt partira en direction du tympan d'une oreille démangée, demandez-vous donc, à l'instant précis de la microdémangeaison, quelle est la nature de vos pensées. Il se peut que la pensée très peu diffuse soit presque déjà partie de votre esprit, mais un effort d'attention vous renverra à elle et vous ramènera, vous le « verrez », très logiquement aux choses que vous avez entendues.

Les microfixations : symptômes d'une écoute active

L'oreille sait être attentive et se taire. Pareils aux chiens courants en arrêt à l'attente du gibier, nos gestes se plaquent alors autour de l'oreille à l'attente du bon mot qu'ils quêtent. L'intensité et le désir d'attente dépendront de la situation de la main autour de l'oreille.

Je suis tout ouïe.
La personne
est extrêmement
attentive.
Une très légère gêne
est décelable au
retour vers la bouche
de l'annuaire.

Dans cette situation, notre humanoïde est intéressé par les propos tenus qu'il encourage la main derrière l'oreille. **L'index** qui dit « je », est placé en « **porte-oreille** » pour ne rien manquer des propos échangés.

La situation suivante marque une ouverture plus grande. Sur la première image, **l'annulaire est proche de la bouche** avec laquelle il est en contact. Notre interlocuteur n'offre pas entièrement son visage et place une dernière barrière entre les propos entendus et lui. Cette barrière est simplement une barrière de pudeur.

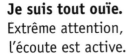

Je suis tout ouïe.
Extrême attention,
l'écoute est active.

La barrière de pudeur tombée, l'interlocuteur est pleinement concentré. Il est entièrement à son affaire avec les propos de son interlocuteur. Suspendu à ses lèvres, il a oublié qui il était, au profit de ce qu'il devait faire ou écouter. Il n'a donc plus de raison véritable de se couper de son interlocuteur et fait montre d'une grande ouverture.

Ces gestes sont intéressants, mais ils ne sont pas d'une richesse synergologique extrême. Ils expriment visuellement ce qu'ils doivent exprimer sans que le lecteur ait le sentiment d'être obligé de suivre la traduction synergologique. Il est vrai également que les microfixations sont aussi les gestes les plus faciles à lire parce que l'interlocuteur ne bouge pas. Son corps est clair.

Des gestes traduisant une empathie supérieure sont encore lisibles. Les microcaresses de l'oreille les expriment.

Les microcaresses : du miel dans l'oreille

Dans nombre de situations, les propos coulent comme « du miel » dans l'oreille, éveillant des sensations agréables. Dans ces situations, le conduit auditif devient le témoin des mots. L'oreille est traitée avec déférence. Les paroles entendues sont le « petit lait » de l'être humain, délecté de l'univers sonore. Il reproduit la douceur des propos par des caresses non conscientes dans l'oreille.

Par rapport aux situations précédentes, la main est devenue active et masse la partie de l'oreille observée, comme pour vivifier encore davantage ce qu'elle entend.

Le plaisir des propos flatteurs

Deux microcaresses nous livrent le contenu des paroles rassérénantes. L'observation de la position de la main est primordiale. **Sur le haut de l'oreille, la microcaresse** exprime notre bonheur face à l'écoute de paroles exprimant des pensées ou des sentiments élevés. Notre interlocuteur n'a pas craint de faire appel à notre esprit ou à notre intelligence et, la main sur le pavillon de notre oreille, nous lui en savons gré.

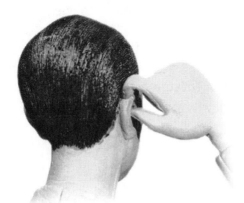

J'aime ces propos flatteurs. Les propos flatteurs sont idéalistes ou de bonne tenue intellectuelle. Ils flattent notre intelligence.

Le lobe de l'oreille devient le vestibule de la main patiente, trop heureuse d'entendre l'heureux événement à une autre occasion : celles où sont mises en avant les insuffisances des êtres que nous n'apprécions pas.

**Je jouis
de ces propos.**
La nature matérielle,
voire sensuelle,
de la situation attire
notre main vers
le bas de l'oreille.
Grand bien-être.

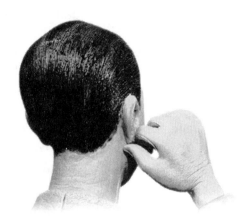

Les propos entendus ont alors, même si ce n'est pas forcément très avouable, une vertu : celle de nous divertir. Ils flattent ce « je ne sais quoi » que notre oreille se plaît à écouter et à faire résonner longtemps sur notre lobe.

Il aurait sans doute simplement suffi que le locuteur, en prenant la parole, dise : j'aimerais « voir » ce que tu en penses ou j'aimerais que tu me dises comment tu « sens » ce que je viens de te dire, pour que les sens aiguisés autrement par le système nerveux central soient connectés différemment et que microcaresses et microdémangeaisons aillent se satisfaire d'autres parties du visage, en l'occurrence les yeux ou le nez.

NOTES

1. Les ouvrages en français les mieux documentés ont été sans aucun doute publiés en français par Louis Corman (PUF). Un de nos ouvrages est actuellement en préparation. Il renouvelle certains concepts. Nous regrettons notamment la mise sous silence du fonctionnement hémisphérique qui semble avoir des implications importantes sur le rôle et la forme des récepteurs sensoriels, ainsi que l'impact dynamique des vasodilatations du visage.

2. Cf. pour l'analyse physiologique entre l'oreille et la parole : Tomatis, Alfred, *L'Oreille et le langage*, Paris, Seuil, 1991.

« Des yeux grands ouverts sont un signe de stupidité, le regard fixe une marque de paresse ; le regard trop perçant trahit une tendance à l'emportement, le regard trop vif et trop éloquent est le regard des impudiques ; le meilleur regard est celui qui dévoile un esprit tranquille et une amabilité pleine de respect. Ce n'est pas par hasard que les anciens disaient : " Le siège " de l'âme se trouve dans les yeux. »

Revel, Histoire de la vie privée

CHAPITRE 8

LES YEUX DANS LES YEUX

Chacun d'entre nous possède un organe sensoriel prédominant. Pour la majorité, ce sens privilégié est la vue[1]. Autour de nous, à entendre les autres, à les voir nous parler, nous prenons conscience qu'il y a les choses que « nous voulons voir » et les choses que nous « ne voulons pas voir ». Parfois de mauvaise foi avec les autres, il nous arrive également d'être de mauvaise foi avec nous-mêmes.
Nos propres gestes expriment alors cette mauvaise foi.

Face aux situations que les êtres humains ne « veulent pas voir », les mains s'activent autour des yeux à la vitesse des microdémangeaisons, pour les cacher. Mais, ce faisant, elles offrent les clés de notre vie intérieure au lecteur opportuniste.

Plus que dans n'importe quel autre organe, les événements, les situations passent dans notre regard et traduisent l'intime pour qui sait regarder « yeux dans les yeux ».

Le regard social et le regard d'échange

Deux types de regards distincts cohabitent dans les mêmes yeux, lorsque les êtres humains sont les uns face aux autres : le regard social et le regard d'échange.
Chaque fois que l'éloignement des interlocuteurs interdit la parole, le regard d'échange est important. Par contre, dès que les êtres humains se rapprochent, leurs yeux perdent leur fonction « mystérieuse ». Les regards deviennent sociaux et surlignent les mots. Le rapprochement détruit alors tout le mystère de deux regards qui se distinguent l'un dans l'autre, sans qu'aucune parole ne soit échangée. Les mots ont pris part

à la discussion, et mis de la superbe dans les regards qui, devenus sociaux, savent très bien cacher les désirs. Sauf si on les observe eux-mêmes attentivement !

Les gens se regardent davantage quand ils ont de la sympathie pour ceux avec qui ils échangent, lorsqu'ils disent la vérité et savent ce dont ils parlent[2]. Généralement, les êtres humains se regardent lorsqu'ils prennent la parole, puis celui qui converse détache son regard de son interlocuteur pour revenir à lui lorsqu'il en a terminé. Il rend ainsi de nouveau libre l'espace de parole. La parole se prend, se donne ; ce geste de prise et de don est effectué par le regard. Un interlocuteur dont le regard reste suspendu dans le vide à la fin d'une phrase ne désire donc pas restituer l'espace de parole. Renchérir sur ses propos relève de la maladresse.

Plus les gens parlent, moins ils regardent leurs interlocuteurs, sans doute pour ne pas être distraits par eux. De leur côté, les interlocuteurs silencieux regardent davantage s'ils sont attentifs. La personne assurée désireuse de mettre un timide à son aise aura pour cette raison intérêt à prendre la parole, et à la garder un certain temps, en début de conversation. Le regard perdu dans le vide, elle laissera au timide, bouche close, l'occasion d'observer à la dérobée, avant de prendre peu à peu confiance, le visage de la personne sûre d'elle. Le timide est « apprivoisé » parce qu'il a eu le temps de détailler le visage de son interlocuteur, qui, de son côté, parce qu'il a été occupé à parler, semble s'être détaché poliment du timide. Il a ainsi facilité la prise de parole de la personne au contact difficile.

La lumière des yeux

La lumière des yeux n'a pas une transparence particulière, mais les yeux sont lumineux lorsque l'être est lumineux et l'être est lumineux lorsqu'il regarde le monde avec confiance. Empreint de sérénité, le regard dévoile alors sa lumière par signes. Essayons de lire ses signes pour comprendre comment, de temps à autre, un ange passe...

Le déclic du sourcil

Lorsqu'ils se rencontrent, les individus qui s'apprécient marquent leur attirance les uns envers les autres d'un déclic du sourcil qui dure précisément $1/16$ de seconde. Inconscient du déclic rapide du sourcil, l'autre répond par le même mouvement en retour. Ce déclic du sourcil est complètement gommé si les individus ne s'apprécient pas[3].

Ce signe du sourcil rapidement abaissé puis relevé est plus durable encore lorsque deux personnes éprouvent une profonde affection l'une pour l'autre. Les paupières un instant closes sur le départ de l'autre, le cerveau grave dans la mémoire l'image de la personne quittée.

Le déclic du sourcil est visible à une autre occasion : lorsque l'idée vient à l'esprit. Il est probable que pour générer une idée, le cerveau aille chercher des informations (mots, images...) stockées dans la mémoire. Neurones cognitifs et neurones moteurs travaillent ainsi de concert pour nous donner l'air intelligent. Le sourcil bat et l'idée vient ; belle complémentarité du corps et de l'esprit, ne trouvez-vous pas ?

Un interlocuteur au regard fixe, les paupières ouvertes et immobiles, laisse voir par son attitude qu'il est un ardent partisan du « pilote automatique ». Il est face à vous, mais derrière son air attentif, il a complètement arrêté de réfléchir ; vos paroles le bercent. Il pourrait au besoin répéter vos derniers mots, mais son écoute est passive et, dans son esprit, rien ne restera gravé du moment présent. Cette attitude n'a cependant rien d'inamical. Chacun a besoin, répondant ainsi aux nécessités physiologiques de son organisme, de « couper » de temps à autre avec l'environnement. L'influx nerveux passe sous forme chimique et électrique. Nos « coupe-circuits » naturels s'allument lorsque notre cerveau est sous tension, exactement comme les fusibles ou les coupe-circuits d'un réseau électrique complexe. Laissons donc l'organisme de votre interlocuteur réguler sa digestion, son manque de glucose ou n'importe quel autre réflexe physiologique indispensable à sa survie, lorsque, les yeux grands ouverts, les paupières immobiles, il trahit son apathie. Si ses symptômes persistent, il a sans doute moins besoin d'un conseil médical que vous d'un coup de pouce psychologique : votre interlocuteur s'ennuie. Donnez-lui la parole ou changez de sujet ; les paupières de nouveau papillonnantes, il vous donnera la preuve de son réveil.

Dans le même ordre d'idées, lorsqu'une émotion très forte passe dans les yeux, des déclics de sourcils répétés, visibles aux battements des cils, inscrivent l'intensité de l'instant sur le corps. « Un ange passe », un flux d'idées est passé dans les yeux papillonnants.

Les paupières des femmes sont moins mobiles que celles de leurs partenaires masculins[4]. Cette observation contredit bon nombre d'idées reçues, mais c'est sans doute parce que les femmes utilisent le maquillage pour agrandir leurs yeux, laissant les hommes tirer de cette observation simpliste la conclusion que le regard de la femme est plus expressif que le leur. À la vulgarisation de cette information scientifique, la gent féminine susurre déjà que le nombre de positions de paupières ne prouve rien quant à la richesse de l'expression. D'autant que les femmes ont une capacité supérieure à celle des hommes de traduire leurs émotions, observations à l'appui[5].

La grande mobilité de la paupière masculine est peut-être simplement le legs d'un temps où le chasseur a dû acquérir des moyens supplémentaires pour lutter efficacement et assurer la survie de la tribu dans un milieu hostile.

La grosseur des pupilles

Les pupilles, appelées plus vulgairement « le noir de l'œil », traduisent le degré d'ouverture sur nos émotions. Plus les pupilles sont dilatées, plus nous sommes ouverts aux ressources de notre affectivité[6].

Une expérience célèbre décrit des hommes visualisant des photographies de jolies femmes. Sur certaines d'entre elles, l'œil a été minutieusement retouché pour surdimensionner la pupille sans qu'il n'y paraisse. Dans la plupart des cas (plus de 70 p. 100), les photographies les plus plaisantes aux yeux des cobayes masculins étaient celles à la pupille dilatée.

Le phénomène de communication et de séduction le plus important révélé par cette expérience suggère que lorsque les paupières retouchées sont dilatées, le regard mimétique de l'homme se dilate lui-même légèrement. La conclusion est rapide, limpide, et rien ne dit pourtant qu'elle puisse être erronée : plus un être désire et plus il est désirable.

La pupille surdimensionnée indique un désir surdimensionné lui-même producteur chez l'autre d'une pulsion plus forte. Il n'y a qu'un pas à franchir pour dire que le grand séducteur ne peut se contenter d'aimer séduire. Il est beau et il plaît parce qu'il désire le sujet qu'il séduit. Il donne donc inconsciemment à lire le désir dans son regard. Toutes les biographies de Giovanni Giacomo Casanova, y compris ses *Mémoires,* sont unanimes : Casanova était brillant mais il n'était pas beau.

Les odeurs corporelles expriment la même réalité. L'être humain, aidé en cela par son système hormonal, exprime son désir physique par l'émission d'une senteur sexuelle subliminale. Pour les besoins de la cause expérimentale, une pièce avait été imprégnée du parfum d'une hormone sexuelle animale avoisinant celle de l'homme, pendant qu'une autre pièce « vierge » d'odeur était choisie pour les besoins de l'expérience[7]. Deux groupes de femmes cobayes devaient apprécier d'un rapide coup d'œil le charme d'hommes pénétrant dans les deux pièces. Au terme de l'expérience, les hommes issus de la pièce chargée de phéromones sexuels semblaient receler davantage de charme[8].

Une chose est claire. Au delà de la beauté plastique pure, les êtres humains qui sont les plus appréciés et aimés « dégagent quelque chose de plus ». Idéaux et hormones sembleraient, pour la cause libidineuse *del Amor,* travailler de concert.

Nombre d'exemples traduisent la connaissance ancestrale de cette réalité.

Dès le XVIIIᵉ siècle, l'éclat de « l'œil noir » était connu. L'extrait d'une plante distillée, la belladone, dilatait les pupilles des belles afin d'exalter leurs désirs. La belladone dilatait-elle également les désirs de ces belles? Il n'y a guère que les mémoires d'outre-tombe des galants de l'époque qui puissent nous le dire.

De l'autre côté du globe, en Chine, les vendeurs de jade observent avec intérêt les touristes et repèrent dans la lumière, parmi ceux-ci, le client potentiel. Ils attendent que le désir de la pierre aille s'imprimer dans la noirceur des pupilles avant de ferrer le poisson acheteur.

Dans un tour de cartes bien connu, un individu choisit une carte, la regarde avant de la remettre dans le paquet. Les cartes sont ensuite brassées et placées sous ses yeux. Pour le plus grand plaisir du prestidigitateur, la carte magique éclaire la pupille du participant au moment où elle est présentée. Le public « n'y voit que du feu » là où une carte a, dans un esprit, allumé ce feu.

Évidemment, la dilatation des pupilles impose le don de soi au fondement du désir ; mais il faut également penser, technique-ment, à placer son interlocuteur dans la lumière plutôt qu'à contre-jour.

Ce qui va sans dire va toujours mieux, une fois énoncé.

Les yeux et parmi eux l'œil gauche deviennent plus grands sous l'impact de l'émotion et de l'intérêt. Les sourcils cillent, la pupille se dilate, mais l'irruption du désir se lit encore à un autre signe : les yeux mouillés.

Les yeux mouillés

Bien évidemment, nos yeux sont mouillés par les pleurs nés d'émotions intenses, mais là c'est « un peu trop » pour être affaire de charme.

Plus intéressants et lourds de sous-entendus, ils se mettent à briller, légèrement humectés, lorsque notre esprit est traversé d'émotions sensuelles fortes. Les yeux pétillent alors d'une brillance significative. Passionné par ce qui l'intéresse, il est fort probable que l'être humain, les yeux pétillants, deviendra passionnant. C'est la passion qui fait briller ses yeux, passion que nous prenons souvent à contretemps pour de l'intelligence. Les yeux ne brillent pas réellement d'intelligence ou alors d'une intelligence émotionnelle qui ressemble davantage à la libido qu'à la cognition pure.

Avec la très forte émotion amoureuse, « l'œil allumé » ne se contente pas simplement de briller, mais le coin intérieur de l'œil rougit, comme si l'amour et le feu avaient à voir l'un avec l'autre. Cet œil en feu donne des indications sérieuses à son observateur sur l'intensité du désir.

La vie se trame ainsi dans le regard de l'apprenti tisserand. Il perçoit derrière le fil de l'œil toute la beauté de la tapisserie affective. Mais l'observation de l'œil a un autre intérêt, celui de délivrer le mouvement de l'esprit lorsque l'œil se met en « orbite ».

L'œil métaphorique

Avec les yeux, grâce à eux, l'homme voit. Il voit réellement, il voit métaphoriquement. Il voit réellement ce qui, sous ses yeux, s'affirme par sa présence. Alors il regarde et ses yeux se posent sur les choses ou sur les êtres. Mais à côté de ce « regard regardant », l'homme pose un autre regard sur les choses et sur les êtres, un « regard métaphorique ».

Dans l'expression « Je ne vois pas ce que tu veux dire », l'organe de la vue ne sert pas à mieux voir. Pourtant, ce mot n'a pas été employé complètement par hasard. Certains individus réfléchissent davantage que d'autres, grâce à des images visuelles. En retour, leur langage traduit cette visualisation. Le mot « voir » employé non consciemment renvoie à l'organe des yeux. Celui qui « ne voit pas ce que vous voulez dire » ne voit pas parce que, le plus souvent, il a décidé de ne pas voir. Il refuse l'image formée dans sa pensée. Il la repousse et la rejette. Lorsqu'il est gêné, c'est autour de la zone de l'œil que ses mains se portent, parce que c'est autour de l'œil qu'il connaît les affres tranquilles de la microdémangeaison. Ce que son esprit[9] rejette de mauvaise foi, son corps ne l'assume pas. C'est l'origine des microdémangeaisons de l'œil.

Les mains portées sur le visage à la hauteur des yeux sont la traduction claire des dispositions d'esprit et à travers elles de ce que notre interlocuteur « voudrait voir » et de ce qu'il « refuse de voir ». Les mains sur le visage amplifient alors le processus de la pensée en aidant à mieux ouvrir ou à mieux fermer l'œil, pour mieux voir ou au contraire refuser de voir ce dont l'autre lui parle.

L'observation de la situation de l'œil sur le visage à travers le sens de son ouverture et de sa clôture nous livre les indications qu'il nous manque. Observons un visage sans oublier les règles de sa lecture, acquises au chapitre 4.

Dans le processus de fermeture de l'œil, la paupière supérieure se clôt sur la paupière inférieure. Ainsi, une microdémangeaison nous contraint à fermer l'œil, en closant la paupière supérieure chaque fois que nous sommes contraints de voir une chose que nous ne voulons pas voir. C'est-à-dire à admettre une chose que nous ne voulons pas admettre.

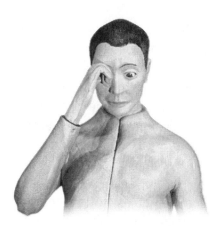

Ce n'est pas mon problème
ou
je ne veux pas le voir.

Dans le processus de réflexion, pour fuir une situation désagréable et chasser des images de rappel désagréables, **l'être microdémange l'œil qui picote.**
L'être humain ne veut pas voir ce que nous cherchons à lui montrer. Il est inutile de tenter de le convaincre et d'essayer de le lui « faire voir ». Au contraire, dans de pareilles situations, laissons l'inconscient faire son travail. L'homme s'est microdémangé pour que la situation sorte de ses yeux, mais s'il a éprouvé le besoin d'extirper ainsi l'image visuelle, c'est parce qu'elle est dans sa tête maintenant. Laissons-la mûrir et revenons à ces mêmes propos un autre jour. Il n'est pas dit qu'il ne se gratte pas cet autre jour sous la pommette.

« Le marchand de sable est passé », l'œil microdémange. La personne fatiguée en a assez d'être debout, elle voudrait passer à autre chose, aller se coucher. La microdémangeaison est produite par une contradiction, la contradiction entre la nécessité d'être éveillé et le besoin de dormir. Notez que dès que vous êtes couché, les picotements de l'œil cessent. Et si, d'aventure, une personne allongée à côté de vous se frotte les yeux, vous pouvez en conclure sans risque de vous tromper beaucoup qu'elle désire dormir, mais qu'elle se heurte à une contradiction. Elle refuse de clore ses paupières alors qu'elle a sommeil ; proposez-lui d'éteindre la lumière, les microdémangeaisons cesseront d'elles-mêmes.

« Le marchand de sable » est intéressant parce que c'est une image visuelle présente dans chacune de nos mémoires. Nous nous sommes tous demandé un jour pourquoi les picotements dans les yeux étaient si forts et disparaissaient en même temps si instantanément, dès que nous étions couchés. Simplement parce que la microdémangeaison du centre de l'œil exprime mieux que n'importe quel discours un désir : ne pas voir et passer à autre chose.

Ce n'est en général (à l'exclusion du « marchand de sable ») pas parce que les gens ont sommeil qu'ils frottent leurs yeux. C'est parce qu'ils s'ennuient. Amenez-les à d'autres activités ; si vous n'avez pas complètement anéanti tout désir en eux, ils oublieront vite qu'ils avaient sommeil peu de temps auparavant.

À côté de ces microdémangeaisons produites au centre de l'œil pour décrire les situations que nous ne voulons pas assumer ou, pour parler plus simplement, « les choses que nous ne voulons pas voir », il existe d'autres situations difficiles à assumer et face auxquelles une microdémangeaison légèrement déplacée traduit une disposition d'esprit légèrement différente.

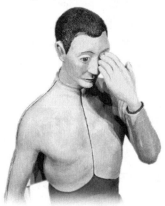

Je ne veux pas voir.
Je n'ai absolument pas envie de voir ce que tu me montres.

Ici, l'homme produit deux actions différentes et simultanées. D'abord, il clôt son œil et ensuite il le clôt vers l'intérieur en direction du nez. Deux règles de lecture complémentaires sont donc inscrites là :

- **L'homme clôt son œil pour ne pas voir** ce qui lui est montré ou proposé.

146

- **Sa main part vers l'intérieur du visage** parce que la situation le touche très personnellement.

À travers ces deux règles, l'explication se donne à lire d'elle-même. L'homme est très irrité par une situation qui le touche très personnellement et qu'il n'est absolument pas prêt à voir ou à envisager. Il est poli et il ne traduit pas son refus catégorique avec des mots aussi catégoriques que le sont ses gestes. Vous êtes face à lui et vous avez un temps d'avance sur lui. Vous avez vu que sa réaction polie était très épidermique. Syner, notre petit humanoïde, microdémange ses yeux pour évacuer une situation qui maintenant est ancrée en lui. Laissez aux images visuelles le temps de faire leur travail dans sa tête. Le temps est votre plus précieux allié et, qui sait, un autre jour, Syner nous reviendra peut-être avec « notre » idée sans se souvenir qu'il y a quelque temps de cela, c'est nous qui la lui avions soufflée.

À côté de cette microdémangeaison très épidermique, une autre microdémangeaison moins compulsive, accomplie avec un geste presque similaire, est souvent observée.

Les choses qu'intellectuellement nous ne voulons pas voir.
L'interlocuteur ne veut pas voir ces choses ou situations qui ne le touchent que de manière anecdotique.

Les règles de lecture précédentes valent encore pour cette microdémangeaison et donnent raison à ceux qui, comme nous, pensent que le langage du corps n'est pas magique et que des règles simples président à sa lecture. Ici :

- **L'homme clôt ses paupières.**
- **La main microgratte l'œil sur l'extérieur du visage.**

Syner observé ici ne veut pas voir ou assumer ce qui lui est proposé. En même temps, l'extérieur du visage est le lieu de la microdémangeaison ; c'est là le signe que la situation ne touche pas l'être humain extrêmement personnellement. Notre interlocuteur ne refuse pas de « voir » les arguments de son interlocuteur, d'ailleurs il ne clôt pas la paupière en son centre. Le problème évoqué n'est simplement pas le sien.

À côté de ces gestes « négatifs » autour desquels le synergologue doit avant tout construire une attitude positive, il existe des gestes nés d'attitudes désireuses d'exprimer la positivité des situations. Car, bien évidemment, à côté de choses que l'être humain ne veut pas voir même s'il ne le dit pas, il y a toutes les choses qu'il aurait voulu voir, mais que les convenances lui ordonnent de taire.

Les choses que nous voulons voir

« J'ai amené le petit au cirque, il avait les yeux grands ouverts. » Tout est dit. Depuis le premier âge, dès que l'être humain est intéressé, ses yeux s'ouvrent grands sur l'objet de son intérêt. L'esprit traduit sur le corps ce désir avec la même ferveur. Il cherche à étancher cette soif boulimique de visualisation. Des microdémangeaisons sont produites, comme si la cavité de l'œil pouvait être agrandie dans l'opération de micromouvement sur le visage.

Les situations que l'esprit cherche à happer par la voie du corps n'ont pas toutes le même caractère d'urgence. Et des gradations comparables aux gradations du désir sont imprimées avec les gestes suivants.

Les choses que l'être humain voudrait absolument voir et les choses qu'il ne voudrait absolument pas voir sont exprimées par des gestes extrêmement voisins. **Il est donc de la première importance de lire le geste à sa naissance, au moment de sa formation,** lorsque la main s'apprête à toucher le visage, parce qu'ensuite, la microdémangeaison pour être efficace sera effectuée dans deux directions différentes et antagoniques selon un principe de va-et-vient. L'observation se trouble alors.

Mais tout n'est encore là qu'une question de travail, une question d'observation, d'observation active.

Ça m'intéresse fortement, mais il ne faut pas que ça se voie trop.

Les règles de lectures énoncées plus haut valent également pour décrire les désirs de visualisation. Ici, trois moments sont observables et distingués : d'abord, **la personne ouvre son œil** de la plus grande amplitude possible ; ensuite, **la main part en direction du centre du visage** ; enfin, **la main agrandit encore la fente de l'œil.** L'être humain fortement intéressé par une situation ou une proposition se microdémange pour ne pas laisser trop voir son intérêt manifeste.

J'ai en mémoire un souvenir précis dans lequel je proposais à une amie de rencontrer un homme dont l'entourage disait le plus grand bien, vantant ses mérites avec maints détails. À l'instant de la proposition, cette femme très bien élevée porta la main sur le coin de son œil en me répondant avec un grand calme et une certaine distinction : « Pourquoi pas ? » Elle me montra par ce geste que derrière un assentiment de façade poli, elle avait très envie de lancer beaucoup plus franchement un : « oui, génial ! »... Ils se sont rencontrés et tant pis si, dédaignant le faste de l'anecdote, une idylle de roman d'aventure n'est pas née entre eux.

À côté de ce geste très significatif de désirs ou d'intérêts prononcés, deux gestes voisins expriment sur le visage les dispositions de l'esprit : **microdémangeaison de la tempe.**

**Ce que vous
racontez
m'intéresse,
sans plus.**
Curiosité anecdotique.

La curiosité intellectuelle de notre interlocuteur est éveillée. Joueur de poker, il aurait sans doute mis « dix pour voir ». Il n'attend rien de la situation, mais en même temps son intérêt est éveillé. Laissons-lui le loisir de découvrir qu'il avait raison d'avoir misé jusque-là, en toute bonne métaphore !
Lorsqu'il est plus intéressé, la main est plus centrale.

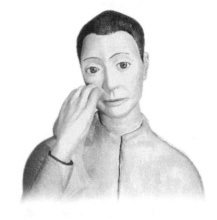

**Je voudrais voir
ce dont vous
parlez ;**
ça m'intéresse.

Ce geste exprime une nuance : la personne se **démange la pommette pour agrandir l'œil.** Le désir discernable du micromouvement n'a pas le caractère intellectuel du geste précédent. Ici, rien ne permet d'affirmer que le mouvement de la réflexion puisse être le ressort de la microdémangeaison. L'être humain est intéressé, il désire voir.

Ce regard défendu entre nous me plaît. Soyons discrets.

Dans l'autre sens, **sous la paupière de l'extérieur** de la face latérale de l'œil jusque **vers l'intérieur de celui-ci** (de la tempe vers la joue), les êtres humains sont surpris en train de regarder des objets, des individus et des situations qu'ils n'auraient pas dû surprendre. Ils sont confus, gênés.

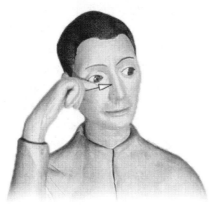

L'insistance de votre regard me dérange. L'effronterie de votre regard me dérange réellement.

Sous la paupière inférieure, l'être humain se démange depuis l'intérieur de l'œil jusque vers l'extérieur, dans les moments où il observe une situation défendue. Par exemple, lorsque des couples illégitimes échangent des regards au milieu de leurs amis. Les convenances et les considérations de propriété humaine ne leur permettent pas normalement cette attitude. Alors, ils se regardent « en cachette ». S'ils sont surpris à se regarder, heureux mais en même temps gênés, leur regard peut partir de l'intérieur de l'œil vers son extérieur.

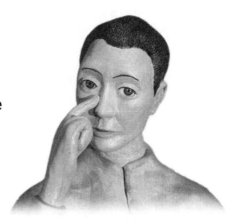

Je suis sceptique, mais j'ai très envie de comprendre. Vous avez éveillé ma curiosité.

Entre les yeux et le nez que nous allons découvrir au chapitre suivant, la main navigue sur le visage à mi-chemin entre ce que nous cherchons à voir et ce que nous ne sentons pas. Cette microdémangeaison est une **microdémangeaison de scepticisme**. Le scepticisme n'empêche pas le doute, et le doute le désir de voir. Simplement, l'autre n'attend rien de ce que nous allons lui dire et même plus, il nous espère peu convaincant comme il espère que ce qu'il verra ne le convaincra pas, parce qu'il est au fond de lui persuadé qu'il ne sera pas convaincu. Un doute subsiste pourtant, nourricier de ce micromouvement.

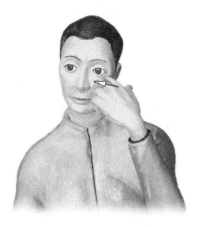

**Ça m'énerve, mais
je veux voir.**
Ma curiosité est
piquée,
même si ça
m'énerve.

Microdémangeant sa joue vers l'intérieur, notre interlocuteur
se protège, même si sa curiosité est piquée.
Il est préférable, si vous êtes observateur de ce micromouvement,
de présenter les choses autrement ou de changer de sujet.

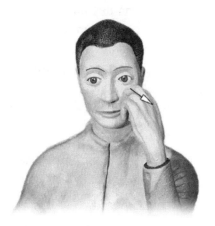

**Ça m'intéresse,
je veux voir**
et ça m'énerve de
n'avoir
pas encore vu.

Au niveau des joues, sous l'œil, la main tend à agrandir l'œil
pour que l'être humain puisse voir davantage.

Lorsque les **microdémangeaisons partent vers l'extérieur,**
l'être humain montre à son interlocuteur en se microdémangeant
qu'il voudrait voir. Inconsciemment, il cherche à agrandir son
œil[10]. Il est intéressé et son attitude est tout à fait positive.
Il veut voir ce qu'il ne connaît pas.

NOTES

1. D'après un certain nombre de penseurs dont tous les spécialistes de programmation neurolinguistique qui, comme nous, commutent activement le langage et les sens, la vision est l'organe dominant pour environ 40 p. 100 des êtres humains. Nos recherches ne seraient d'ailleurs pas si fécondes sans les outils proposés par la programmation neurolinguistique. La démarche PNL est pour nous d'un intérêt heuristique fondamental.

2. Birdwhistell, R. L., *Kinesics and context : Essays on body motion communication*, Presses Universitaires de Pennsylvanie, 1970.

3. Cf. les écrits de Eibl Eibesfelbelt. Selon ce spécialiste du langage non verbal, l'individu se sauve et fuit lorsqu'il a le regard fuyant. C'est là une règle importante, mais c'est aussi une règle culturelle et elle constitue une des rares exceptions de l'ouvrage. Certaines cultures (dont par exemple la culture maghrébine) font l'apprentissage du regard fuyant parce que la tête doit être baissée devant les personnes au statut social supérieur. Ainsi, ce qui pourrait passer facilement pour de la veulerie aux yeux des Occidentaux n'est qu'une règle de sociabilité apprise.

4. Birdwhistell a détaillé 35 positions de paupières observées dans le regard des hommes contre seulement 23 dans celui des femmes. Birdwhistell, R. L., *op. cit.*

5. Cf. les tests pratiqués par Robert Rosenthal et décrits dans : Rosenthal, Robert, « The PONS test : Measuring Sensitivity to Nonverbal cues », in Mac Reynolds, *Advances in Psychological Assessment*, San Francisco, Jossey Bas, 1977.

6. À une exception près toutefois : la colère.

7. Expérience décrite par Diane Ackerman dans *Le Livre des sens, op. cit.*

8. L'odeur de ce phéromone est proche de celle du musc. Notre répugnance ou notre goût pour ce parfum particulier risque d'être un traducteur de notre rapport à la sexualité, bien plus fidèle que d'autres indicateurs pourtant apparemment beaucoup plus fiables.

9. La mise à jour de rapports précis entre le langage et les sens est un des postulats fondateurs de la programmation neuro-linguistique.

10. Les yeux sont peut-être, à eux seuls, porteurs d'autant d'indicateurs que tout le reste du corps. En même temps, nous avons la chance de suivre les brisées de penseurs prestigieux qui sont déjà allés jusqu'au « fond de l'œil », devrions-nous dire si nous ne craignions pas la facilité du jeu de mots. Des tas d'écrits ont déjà vu le jour et ce que la plume pourrait sans scrupules faire passer pour des découvertes n'est souvent ici, pour ce qui concerne l'œil, rien de moins que la recension de documents compactés ensemble et sans lesquels nos assertions auraient sans aucun doute été plus pauvres et également moins exactes.

« L'odorat fut le premier de nos sens, et il fonctionna si bien que la petite protubérance de tissu olfactif au sommet du cordon nerveux se mua en cerveau. À l'origine, nos hémisphères cérébraux étaient des bourgeons sur nos tiges olfactives. Nous pensons parce que nous sentions. »

Diane Ackerman, Le Livre des sens

CHAPITRE 9

LE NEZ POUR SENTIR « CE QU'ON NE SENT PAS »

Le nez est le premier organe sensoriel avec lequel l'être humain que nous appelons aujourd'hui l'Homme est vraisemblablement apparu sur la terre[1]. Autour du bulbe olfactif, d'autres centres se sont peu à peu coordonnés à mesure que les conditions cosmiques devenaient propices au développement d'autres sens. Le nez, pour ces raisons, mais également parce que sur le visage il « se voit comme le nez au milieu de la figure », tient une place extrêmement importante en synergologie.

Avec son nez, l'être humain « sent ». Mais ce même mot exprime une autre sensation, la sensation du toucher. Lorsque les émotions sont très fortes, il les res-« sent ». Les informations sont ainsi passées à la moulinette cérébrale, avant de prendre la forme du ressenti. L'homme qui juge clairement ses égaux « a du nez ».

Ce nez ambivalent prend deux formes bien différentes selon qu'il est le nez sensible de Cyrano ou le nez menteur de Pinocchio.

Le nez de Cyrano

Cyrano de Bergerac a eu cent ans en 1997. Cent années de gloire pendant lesquelles le héros d'Edmond Rostand est passé à travers toutes les modes.
Cyrano avait un nez, *« que dis-je un nez, c'est un cap, c'est une péninsule*[2]*... ».* Affublé de cette protubérance, notre héros était laid, mais avec quelle finesse, quelle intelligence.

Edmond Rostand ne pouvait choisir plus bel appendice pour symboliser son héros, car Cyrano était un nez dans lequel respirait la beauté de l'âme.

Le nez de Cyrano, c'est le nez de chacun, lorsque le cœur se met au service des sens et délaisse l'apparat. Pour l'apparat, il y a les yeux, pour l'apparat « on en met plein la vue », mais avec son nez, l'être humain a « le nez creux », l'être humain a le « nez fin ». L'être humain « sent » les choses.

Les hommes ont peu à peu oublié que le nez permettait de sentir venir... Alors, au fil du temps, ce sens a perdu de sa pertinence ; l'homme est devenu ce que les scientifiques appellent un animal « microsmatique[3] ».

Le papillon peut sentir, pour les besoins de la reproduction, son partenaire à plus de 10 kilomètres (vous avez bien lu), alors que l'homme, au delà de 40 centimètres, ne parvient plus « à percevoir » l'odeur corporelle de l'autre. Simplement, lorsqu'il est en bonne compagnie, parce qu'il est bien, lorsqu'il est en confiance et a fortiori au moment de l'émotion amoureuse, les narines de l'homme se dilatent.

La dilatation du nez est un geste qui ne trompe pas et traduit clairement les dispositions d'esprit de notre partenaire. Le nez est un orifice. Son ouverture traduit l'ouverture de l'être. Plus le nez est épaté, plus sa dilatation est visible. Cette dilatation observée est marque de l'ouverture de l'être.

Les microfixations : des attitudes de concentration plus ou moins positives

Faites faire un exercice à un homme auquel vous demandez de se concentrer et demandez-lui de toucher une zone précise du visage où le cerveau se serait concentré de manière maximale. Cette zone informelle se trouve invariablement au centre du visage.

La microfixation du bout du nez correspond à une attitude de réflexion intense. L'index est tendu comme pour dire « je ». En

même temps, il ne bouge pas, l'individu est concentré, il réfléchit. Ce geste fait partie des gestes excellents, même s'il n'est pas toujours d'une esthétique à toute épreuve.
Dissocions toutefois deux situations qui n'ont pas totalement à voir l'une avec l'autre.

J'aimerais pouvoir tout retenir. J'essaie de fixer en moi tout ce que je sens, vois, perçois.

Dans cette situation, l'être humain réfléchit, l'esprit détaché de toute dimension d'intérêt. **L'index sur le nez est détaché du visage.** Positif, notre interlocuteur soupèse les enjeux de la situation et mesure ses gains possibles. Mû par son intérêt propre, il n'exclut pas que vous puissiez gagner avec lui. Il s'agit là d'une autre des positions dites de « l'avocat du diable ». L'interlocuteur est à la recherche d'une objection qu'il ne trouve pas réellement, parce qu'il « sent » bien ce qui se déroule. Il pèse le pour et le contre et, dans la balance qu'il effectue, les arguments de raison sont moins importants que le sentiment intérieur, « sensible », qu'il est en train de se forger.

Dans la situation suivante, au contraire, notre interlocuteur perçoit un problème.

**C'est intéressant,
mais quelque chose
me dérange.**
La personne a priori
positive cherche ce
qui pourrait ne pas
fonctionner.

La bouche est cachée par l'index et nous pouvons bien être exclu ou oublié du calcul d'intérêt du protagoniste de la situation, main sur le nez. Il est certain en tout cas qu'il s'est mis dans une disposition d'esprit oublieuse des intérêts de l'autre au moment d'effectuer le calcul de ses gains possibles.

Cette situation peut être décryptée rapidement. La main est posée sur le nez (pour chercher à « sentir »).

**C'est extrêmement
positif.**
Je sens vraiment bien
tout ça.

À la différence des objections précédentes, **le pouce sur le nez** renvoie à l'ordre de la sensibilité.

Avec le pouce sur le nez, la main est revenue sur le centre du visage. L'interlocuteur fait montre d'une bonne concentration.

**Comment faire
pour gagner par
rapport à ce qu'il
me dit ?**
Il y a sûrement
quelque chose à
tirer de
la situation,
mais quoi ?

Avec la microfixation de l'index qui épouse toute l'arête du nez, la personne réfléchit. Observez mieux son attitude. Avec son index, elle cache son visage. L'interlocuteur réfléchit, mais il réfléchit comme s'il avait quelque chose à cacher. Derrière une positivité de façade, il traduit l'égoïsme du retour sur soi et se demande comment il va, lui et lui seul, pouvoir tirer partie de la situation.

Les microdémangeaisons ou la soif de connaissances

Les microdémangeaisons, de manière générale, traduisent comme nous l'avons vu un décalage entre le discours et les pensées, un décalage entre le dit et le non-dit.
Deux microdémangeaisons positives expriment notre soif de connaître, une soif qui n'est pas toujours expliquée par les mots.

**Je veux
comprendre.**
Je suis bigrement
intéressé.

Ici, l'être humain cherche à connaître ou à comprendre. Il est vivement intéressé et **sa main tente de ramener l'information vers le centre du visage** pour mieux l'analyser.

Un bémol apparaît dans la situation suivante.

Je veux comprendre et ça m'énerve de ne pas savoir.

Le désir de découverte n'est pas aussi clair. **Celui qui se gratte est dérangé par l'information** qu'il désire pourtant connaître.
Le nez de Cyrano est un nez avenant, un nez assoiffé de découvertes, un nez qui cherche. Le nez de Pinocchio est un nez nettement moins positif. Il devient notre nez chaque fois que nous voudrions ne pas découvrir ou laisser découvrir notre univers à autrui. C'est le nez apparu pour une société individualiste dans laquelle les biens doivent être protégés plutôt que partagés.

Le nez de Pinocchio

Pinocchio, le héros du romancier Collodi, est une marionnette qui se transforme en petit garçon. Pinocchio, le petit garçon espiègle sculpté par Gepetto, voit son nez s'agrandir lorsqu'il ment. Géniale intuition de la part de Collodi, à moins que son sens de l'observation l'ait amené à désigner le nez comme zone du mensonge. Dans tous les cas, il révèle ce que l'observation à l'aide de la vidéo nous apprend. Lorsque l'être humain ment ou simplement voile une partie de la réalité, son mal-être se trouve traduit sur une partie de son nez. Mais distinguons là encore microcaresses, microdémangeaisons et microfixations.

Microcaresses : les jubilations des contre-vérités

Le nez trône au milieu du visage. Nos cachotteries passent par le masque de la zone du nez. Le nez est central sur la figure et lorsque les êtres humains ont des choses à cacher, c'est cette zone qui se trouve masquée parce qu'alors l'être humain a le sentiment de cacher son visage menteur.

Ça me dérange, mais je devrais pouvoir gagner en me servant de lui.
Tout est dit...

L'être humain a trouvé la manière de tirer un parti individuel d'une situation. Il ne vous livre pas son idée parce qu'il a peur de perdre tout le bénéfice du profit à tirer. **Il se caresse les narines**, il a « senti un bon coup », les choses sont agréables. Louis de Funès avait magnifiquement observé cette microcaresse fourbe. Il lui a donné, par son interprétation extravagante, ses lettres de noblesse.

Les microfixations ou l'attentisme médisant

La microfixation du nez propose une lecture dans le prolongement des significations de la microcaresse. Dans la microfixation, deux gestes différents coexistent.

**Les choses me
déplaisent
fortement.**
Je ne sens vraiment
pas la situation.

Ici, **les narines sont bouchées par la main** ; l'autre ne sent pas
ou plutôt ne veut pas sentir ce qui est en train de se passer. Il
est en train de se défausser pour sortir de tout cela. Il cherche
la parade, le moyen poli de dire : « Non merci ! »

**Non seulement ça
me déplaît,**
mais je vais te dire
ce qui me déplaît.

Dans cette autre situation, l'être humain est dans la même attitude.
Il ne sent pas les choses ; il est en désaccord, mais c'est là une
des rares positions où la personne, la main « sous le nez », va
dévoiler sa position et révéler ce qui lui déplaît.

Les microdémangeaisons : les croche-pieds du cerveau

Les microdémangeaisons de la base du nez sont les signes qui
expriment avec le plus d'acuité le décalage entre nos désirs et

leur expression. En cela, il est possible de dire en allant vite en besogne que **les microdémangeaisons de la base du nez expriment le mensonge**[4].

Je mens
(avec ce geste si c'est
moi qui parle)
ou
**je te prends pour un
menteur**
(si c'est toi qui
parles).

S'il est un geste sur le visage qui exprime le mensonge, c'est bien ce geste-là. Les propos doivent cependant être modulés par la situation ; ce geste n'a en effet pas exactement le même sens selon que notre interlocuteur est émetteur ou récepteur de la communication.

Émetteur de la communication, notre interlocuteur affirme une contrevérité, soit parce qu'il déforme ou invente une partie de la réalité et des faits, soit parce qu'il cache une partie de cette vérité.

Récepteur des termes de la communication, l'interlocuteur écoute, il ne peut donc pas mentir. Cependant, s'il ne ment pas, il se microdémange l'intérieur du nez parce qu'il ne nous croit pas. Ce qui revient à peu près au même ; non pas évidemment d'un point de vue moral (puisque celui qui se microdémange ne dit rien), mais en termes de communication. Il se produit une distorsion totale entre les parties prenantes à l'échange ; le processus de confiance est momentanément rompu.

Une situation avoisine celle-ci.

**Ce que je sens me
dérange.**
Je ne crois pas ce
que je vois.

Dans cette situation, quelque chose (événement, fait, situation, individu...) dérange fortement. **Le bas de la narine se trouve démangé dans le prolongement exact de l'œil.** Quelque chose qu'il se remémore sous la forme d'une image visuelle démange celui qui ne « sent » absolument pas la situation.

Ces dernières positions sont les plus négatives qu'il nous soit donné d'observer en termes de communication.

NOTES

1. La Bible se fait très paradoxalement la traductrice de cet état d'être, lorsqu'il est dit : « Dieu insuffla dans ses narines le souffle de la vie et l'homme devint une âme vivante. » Les croyants diraient que c'est le « pied de nez » de Dieu à la science.

2. Cf. Rostand, Edmond, *Cyrano de Bergerac*, Paris, Le Livre de poche.

3. Il s'oppose aux animaux dont l'olfaction est un sens très développé et que nous appelons animaux « macrosmatiques ».

4. Il est des sociétés où le mot mensonge et la réalité qu'il exprime n'existent pas. C'est, selon Grégory Bateson, le propre des sociétés holistiques, sociétés dans lesquelles le partage est la règle. Personne ne possédant pour soi, personne n'a intérêt à cacher. En cela, l'intérêt et la propriété, en apparaissant, font le lit du mensonge obligé aux autres. Il faut cacher pour défendre et cacher, c'est aussi mentir. Sur la notion de mensonge social, cf. Bateson, Grégory, *Pour une écologie de l'esprit*, *op. cit.*

« Quand la bouche dit : Oui, le regard dit : Peut-être. »

Victor Hugo, Ruy Blas, *acte 1, scène 2*

« L'œil et l'odorat laissent entiers ; la bouche, elle, dissèque. »

Claude Olivenstein

CHAPITRE 10

LA BOUCHE ET LES LÈVRES ENTRE DÉSIR ET CENSURE

Ouverture béante plaquée sur le centre du visage, antichambre où les mots font banquette avant d'être exposés aux oreilles d'autrui, la bouche est sur le visage le lieu de tous les fantasmes.

La bouche est d'abord oralité du premier contact du nouveau-né avec le monde. C'est elle qui recueille la première goulée d'air puis se colle au sein chaud, lorsque naturellement le visage est guidé vers l'antre nourricier de la mère. Plus tard, l'enfant enfournera dans la bouche le pouce ou le hochet devenus substitut du sein maternel. Pouce socialisé, transformé en stylo, en cigarette ou en branche de lunettes, l'être humain se rassérène et gère son stress avec les attributs qu'il trouve autour de lui et conduit à sa bouche. Face à ses manques, c'est encore dans la bouche que l'adulte compulsif jette les aliments pour colmater la marque de l'absence de paradis fusionnel. La bouche est devenue substitut du plaisir[1]. Il est temps pour elle de s'affirmer comme expression de l'érotisme. Elle se fait alors trace d'une vulve indélébile inscrite sur le visage[2]. Les amoureux savent cela. Fins stratèges partis à la conquête de la bouche de l'autre, ils plaquent leurs lèvres sur les lèvres entrouvertes de l'être aimé. Dans la bouche devenue vestibule d'un univers privé, les yeux fermés, ils sont sur la trace initiatique de l'être de l'autre.

Entrons dans la bouche. À mi-chemin de l'âme, le cerveau travaille et l'être humain parle ; éclairons-nous à la lanterne de ses pensées.

Une bouche et des lèvres ouvertes pour croquer la vie

La bouche est encartée, enserrée par deux lèvres qui la délimitent. Lieu de plaisir inconscient où le regard aime se perdre, les lèvres donnent du relief aux désirs des femmes qui avancent bouche peinte. En situation de bien-être, les lèvres rosissent, rougissent et deviennent ainsi légèrement plus grosses. L'ouverture, le désir passent par cette bouche qui s'ouvre. Le refus et le désaccord, par la bouche qui se ferme.

Une étude américaine très sérieuse montre contre toute attente que les femmes identifiées par les hommes comme les plus séduisantes dans un large panel de photographies sont celles dont les dimensions de la bouche sont les plus importantes[3]. Plus que tout autre caractère apparent, c'est vers la bouche que les hommes seraient guidés lorsqu'ils sont en marche vers l'espace de l'image féminine.

Les lèvres parlent lorsque rien ne vient troubler le bruissement des feuilles le soir sous les palétuviers ; écoutons, les lèvres tues.

Les lèvres sont évidemment toujours ouvertes lorsque nous parlons. La Palice n'aurait pas trouvé mieux. Elles sont donc, lorsque nous sommes locuteurs, peu intéressantes. Elles le sont davantage lorsque nous sommes spectateurs et que nous écoutons.

La clôture de la bouche par rapport à la bouche ouverte marque toute la différence entre écouter et entendre. Entendre est une activité automatique alors qu'écouter est un acte volontaire, une acquisition humaine récente dans l'histoire de l'humanité. Lorsque l'homme clôt sa bouche avec sa main, il se coupe de toute possibilité d'écoute et ne peut plus qu'entendre. Il est devenu passif ; son attitude est une attitude de détachement. Il est revenu en lui[4].

D'une manière tout à fait similaire, la jouissance amoureuse se déroule bouche entrouverte. C'est la condition *sine qua non* à la réception de l'autre en soi.

Les lèvres sont généralement fermées lorsque nous écoutons l'autre, mais il leur arrive de s'entrouvrir légèrement pour « boire les paroles ». Nous « buvons les paroles de l'autre », à moins que nous préférions « croquer la vie à pleines dents » et nous regardons, l'œil complice. Les jeunes enfants, la bouche entrouverte, boivent les images de la télévision. Cette bouche entrouverte est soit réelle, soit métaphorique ; observons.

Lorsque les deux lèvres s'avancent en même temps, elles traduisent une moue. Les pensées de l'autre sont soupesées, analysées. L'interlocuteur n'accorde qu'un crédit relatif à nos propos.

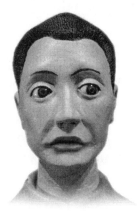

Moue dubitative.
M'ouais.

C'est un signe de dédain. Si l'autre pouvait, au moment où il vous regarde, parler, ses propos traduiraient son manque de respect. Notre interlocuteur signifie, par cette mimique ritualisée, la haute opinion qu'il a de lui-même[5].

Les gestes sur la bouche ouverte

Pour que les mots puissent sortir de la bouche, il est parfois nécessaire de les aider :

**J'ai envie
de te dire que...**
Volonté de verbaliser
l'échange positif
(pensées de nature
intellectuelle
ou idéaliste).

Avec ce mouvement, les mots qui ne viennent pas sont appelés vers l'extérieur. L'ordre de la lèvre n'a pas grande signification, il permet simplement de mettre l'accent sur la nature des pensées exprimées. **La lèvre supérieure amenée vers l'extérieur** pousse vers l'extérieur les pensées les plus idéalistes, intellectuelles, ou les sentiments élevés ; **la lèvre inférieure appelée par la main vers l'extérieur** appellera les pensées de nature matérielle pulsionnelle ou sensuelle.

**J'ai envie de te
dire que...**
Volonté de verbaliser
l'échange positif
(pensées de nature
matérielle).

Ces deux gestes sont des gestes d'ouverture. Ils marquent une volonté de communication.

Des gestes typiques de la personne qui « croque la vie à pleines dents » et qui, perplexe, réfléchit, ongles contre dents dures, sont signifiés, l'un des doigts frappant les dents. Dans ces situations, le doigt choisi inconsciemment prend une grande importance.

La personne se heurte à un mur, ce qu'exprime bien le bruit de **l'ongle dur contre l'émail de la dent**. N'oublions pas que les gens méchants ont « la dent dure ».

En même temps, la positivité des lèvres entrouvertes montre le dynamisme et l'énergie de notre interlocuteur. Il cherche le meilleur moyen de contourner l'obstacle, persuadé qu'au bout du compte il gagnera.

Comment tirer profit à deux de la situation ? Grande positivité.

Le pouce levé, notre interlocuteur fait montre d'une belle positivité. Le pouce était le doigt qui aidait l'enfant à oublier, dans le noir de la nuit, le sein fusionnel de sa mère. Le doigt levé, la personne cherche le meilleur moyen de susciter l'échange pour en tirer profit, car visiblement elle se heurte à un mur.

Comment gagner ? Beaucoup de détermination derrière ce geste.

L'index levé, notre interlocuteur porte à sa bouche le doigt de l'autorité, le doigt qui décide. Il cherche le moyen (la bouche ouverte) de gagner en souplesse.

Comment réaliser mon désir d'échange, comment obtenir de l'autre (ou des autres) ce que je veux ?

Le majeur levé, notre interlocuteur porte à la bouche le doigt de ses désirs. Il cherche la meilleure solution pour parvenir à satisfaire ses besoins, ses instincts.

Les mêmes positions se laissent lire bouche fermée.

Bouche fermée, la nature du désir est la même que lorsque les individus s'expriment bouche ouverte ; simplement, la bouche fermée ils traduisent la plus grande radicalité de leurs propos. Ils sont moins prêts à négocier. Ils sont davantage prêts à l'affrontement et ils seront durs dans l'affrontement, car ils se sentent forts. Notre interlocuteur fait partie de ces gens qui pourraient, par leur dynamisme, « nous manger tout cru ». Les gens qui pratiquent fréquemment cette attitude recèlent une grande force physique.

Microdémangeaisons de l'arc de Cupidon

Le nouveau-né bienheureux tète le sein de ses lèvres. Le bout des lèvres est connu sous le nom « d'arc de Cupidon », sans doute parce que les lèvres en leur centre sont configurées sous la forme de l'arc de Cupidon, le dieu de l'amour.

C'est l'endroit de la bouche le plus intensément en contact au moment de la tétée. La bouche du nouveau-né effleurée à cet endroit-là par le sein crée chez lui un sentiment d'intense bien-être. Le désir sexuel s'exprime à l'endroit de l'arc de Cupidon lorsque ce désir est réprimé, comme si le processus de bien-être était renversé.

Une relation synaptique s'est mise en place dès la naissance, renvoyant vers l'arc de Cupidon. Vous désirez l'autre et l'arc de Cupidon picote. Dans les premiers moments de notre vie, le bien-être était provoqué par l'arc de Cupidon caressé par le sein. Le besoin sensuel renaît chaque fois que cet arc de Cupidon se trouve démangé.

Désir sensuel.
J'ai envie de
vous.

La microdémangeaison de l'arc de Cupidon correspond à la répression d'un désir sexuel ou à l'expression d'un désir sexuel inavoué. D'ailleurs, les baisers amoureux ne seraient pas aussi sensuels et torrides si les arcs de Cupidon n'étaient pas en contact l'un avec l'autre.

Il est un exercice intéressant à réaliser. Caressez lentement l'arc de Cupidon sur l'axe horizontal (de gauche à droite) : une pulsion sensuelle naîtra de cet exercice.

Une bouche et des lèvres fermées pour réprimer le désir

La bouche close signifie la clôture de l'oralité, mais le désir est une hydre à plusieurs têtes, protéiforme ; il vient nous hanter sous bien des aspects. L'ordre de nos désirs est divers, mais il se clarifie sur le corps.

La bouche est le lieu de microdémangeaisons particulièrement agressives. L'être humain connaît d'ailleurs l'herpès buccal, dont la naissance est signalée par des microdémangeaisons. Cet herpès est engendré par la colère réprimée, retenue, face aux situations perçues comme insupportables ; il est pour cette raison appelé parfois « feu sauvage ». Selon l'endroit précis où il naît, il est tout à fait possible de retrouver la nature des causes qui ont présidé à l'apparition de l'herpès et engendré des microdémangeaisons. Lisons ce qu'écrit de l'herpès Claudia Rainville, une spécialiste de microbiologie médicale :
« Caractérisé par une éruption cutanée... il exprime la colère qui nous est restée sur les lèvres ou de la frustration que l'on vit face à nos désirs inassouvis. Cette colère n'a pas été libérée soit parce que la personne concernée est absente, soit parce que nous ne voudrions pas faire d'histoires ou encore parce que l'on a peur de la verbaliser[6]. »

Les microdémangeaisons sur le visage expriment exactement ce que révèle l'herpès. En cela, les microdémangeaisons sont de « l'herpès à dose homéopathique », mais revenons sur la topographie du visage.

Le haut de la bouche : le rapport ambigu à l'autorité

Les microdémangeaisons sur la zone supérieure de la bouche sont toujours des microdémangeaisons qui se produisent du haut vers le bas. Avec ces attitudes, désirs sexuels réprimés et conflits d'autorité réprimés se mêlent intimement.
Nous tenons là une piste intéressante pour réfléchir aux origines et aux causes de la libido.

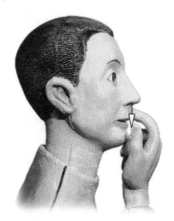

Le pouvoir que vous avez sur moi m'énerve. Je n'aime pas votre façon d'être avec moi.

Cette microdémangeaison entre le nez et la bouche est l'expression d'un mal-être réprimé. La fausse assurance de l'autre nous dérange sans que nous trouvions la ressource pour lui répondre sur le même ton. Le rapport de rôles proposé à notre interlocuteur ne convient pas.

Refus des formes du pouvoir individuel et refus du pouvoir sexué de l'autre sur soi se signifient par les mêmes micro-démangeaisons. Comme si le rapport sexuel était fascination et rejet de la relation de pouvoir instituée par l'autre.

Dans le rapport homme-femme, ce n'est pas l'agacement produit par le désaccord qui entraîne cette forme de microdémangeaison, mais plutôt le fait que le rapport d'autorité soit parasité par le rapport sexué. Certains hommes, face à certaines femmes, se microdémangent cette zone du visage parce qu'ils ne supportent pas de pouvoir être dominés par une femme. Ce n'est pas parce qu'elle domine intellectuellement, mais parce que c'est une femme qui les domine dans l'argumentation.

L'inférieur hiérarchique domine dans une situation donnée ; son supérieur a du mal à l'admettre. Cette difficulté à admettre la force de l'autre, à la reconnaître, produit ce type de microdémangeaison.

Le rapport entre le pouvoir et la sexualité s'exprime pleinement à travers la nature d'une hormone : la testostérone. De nombreuses études insistent sur le fait que, chez les primates, agressivité et activité sexuelle des dominants sont en partie expliquées par un taux élevé de testostérone dans le sang, sans qu'il soit toutefois possible de dire si la position sociale est déterminée par le taux de testostérone ou si au contraire c'est le taux de testostérone qui permet d'exprimer la position sociale[7].

Le retrait des mâchoires

Lorsque les lèvres s'avancent l'une avant l'autre ou conjointement, elles traduisent le désir de se mettre en avant vis-à-vis de l'autre, elles traduisent une conscience de sa propre supériorité.

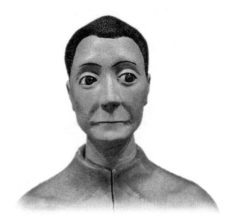

Retour dans la coquille.
Tu ne tireras rien de moi.

Les deux lèvres se pincent dans les situations d'angoisse. L'être humain se ferme comme une huître, tirant les lèvres vers le fond de sa bouche, les dents serrées. La personne ne veut pas livrer sa pensée. Son premier réflexe est celui qui l'amène à se fermer comme une huître, les deux lèvres cachées à l'intérieur d'une bouche dont les dents forment la barrière.
Les lèvres rétractées traduisent une fermeture, un malaise, proche de la retenue des larmes. Celui qui nous écoute et rétracte ses lèvres est mal à l'aise. Il ne veut pas s'exprimer, il est gêné, dérangé face à son partenaire. Deux stratégies sont possibles.

Vous pouvez tempérer vos propos afin de gommer l'aspect incisif de votre discours ou encore, lui donner la parole afin qu'il formule ses craintes. Cette dernière stratégie n'est cependant pas forcément la meilleure, parce que la personne dont les lèvres sont rétractées donne à lire son désir de ne pas communiquer. Les mots crus, difficiles à entendre, provoquent souvent chez les êtres très pudiques un mouvement de lèvres rétractées.

La main sur la bouche

Les humains en situation de communication intense, totale, aventurent rarement leurs doigts sur le centre du visage et jamais sur leur bouche. La main s'installe sur la bouche qu'elle cache en signe de protection lorsque l'homme cherche à échapper à l'autre. La main sur la bouche devient alors une main barrière, une main protection.

Nous avons vu dans le chapitre 3 que l'attitude face à cette fermeture n'était pas la même selon les doigts utilisés pour la clôture. Plusieurs raisons arguent en faveur de l'attitude de clôture main sur la bouche. Elle est souvent la dernière barrière indispensable pour se couper de la présence inconsciemment agressante de l'autre. La position des doigts de la main sur la bouche est riche d'indications sur les états d'esprit qu'elle révèle.

La position de la main sur la bouche

La main ne se pose pas sur la bouche sans que les doigts n'aient été alignés en ordre de bataille, disposés par l'axe du poignet.

Il s'agit de bien dissocier le dos de la main du plat de la main et de la main fermée.

Laissez-moi réfléchir.
Je prends de la distance pour comprendre.

Le dos de la main contre le visage, l'être humain a mis une distance de réflexion entre vous et lui. Il a besoin d'inscrire sur son corps cette distance, simplement pour réfléchir. Cette distance n'est pas une distance de peur, mais notre interlocuteur a besoin de temps. Les choses vont trop vite. Faites ce geste vous-même et observez ce que vous ressentez. Vous vous apercevez très bien de la nécessité de la distance.

Vous me faites peur
et ça va mal se passer entre nous.

Le poing sur le visage, l'être humain décrit une attitude intérieure de fermeture. Il vous regarde, le stress est réel. Simplement, une question reste posée. Sommes-nous la cause de ce stress ou ce stress est-il apparu à l'occasion de la discussion ? Si la main était fermée dès le début de l'échange, le stress était sans doute préexistant. Il est apparu au cours de l'échange si la main s'est peu à peu recroquevillée pendant la discussion.

Si le stress préexistait, il convient d'aider notre interlocuteur à l'expurger ; la stratégie la plus efficace consiste à lui donner la parole, le temps nécessaire pour l'aiguiller sur le sujet cause de stress et le temps nécessaire pour lui donner la possibilité de « vider son sac ».

Par contre, si le stress est apparu au cours de l'entretien, c'est la preuve que notre attitude ou que le sujet de conversation était générateur de stress pour notre vis-à-vis. Il convient donc de réfléchir aux causes de ce stress.

Là encore, l'origine du mouvement reste la source de renseignements la plus sûre.

Vous me faites peur.
Je n'apprécie pas
ce que vous dites
(ou ce que vous êtes).

Le plat de la main sur le visage n'a pas tout à fait la même signification même si la même zone du visage est obstruée. La paume contre le visage, l'être humain revient en lui. Son visage est coupé du vôtre. À cela, plusieurs raisons possibles, mais toutes ces raisons convergent en une seule, gérer son stress et prendre une contenance face au regard dérangeant de l'autre.

L'importance de la position des doigts sur la bouche

Les doigts n'ont pas tous la même fonction réelle, ni d'ailleurs la même fonction inconsciente.

Le pouce positif

Pouce levé appuyé sur le visage, l'homme exprime son comportement de chef, de leader. Les gens qui entretiennent d'eux-mêmes une image déprimée, une image dévalorisée, n'effectuent jamais ce geste[8].

Ce que vous me dites est intéressant.
Vous avez raison, mais il faut préalablement régler un certain nombre de problèmes.

Pouce sur la bouche, ongle sur la lèvre, le poignet a fait une rotation. Notre partenaire d'échange met des distances avec nous pour réfléchir. Il s'est coupé pour mieux analyser les objections émises. Avec le retrait sagittal du poignet, il reste largement en accord, mais il n'exclut pas les objections possibles et fait naître un doute qu'excluait le pouce levé.

Ce que vous dites est excellent.
Que pourrait-on bien vous objecter ?

Le pouce, pulpe sur la bouche est une position de fermeture, mais, paradoxalement, c'est une bonne position. C'est une position d'aversion parce que la bouche est barrée, mais en même temps c'est une bonne position parce que la bouche est barrée par le pouce qui nous dit OK. La bouche est clouée et ne peut donc pas s'ouvrir, mais en même temps ce doigt levé fait montre de positivité. Notre interlocuteur cherche l'objection. Il est convaincu par la valeur de vos propos, à moins qu'il ne soit convaincu par ce que vous êtes. Pour ces deux raisons parfois conjuguées, il vous évalue très positivement.

L'index de l'autorité

L'homme dit « je » l'index levé. Lorsque l'index se pose sur le visage, il désigne l'affirmation, mais cette affirmation prend des formes très différentes selon la position de **la main.**

**Je suis concentré
et je vous écoute.**
Je vous écoute ;
vous m'intéressez.

Cette situation est une des meilleures qu'il nous soit donné de vivre en face d'un partenaire d'échange. Notre interlocuteur, l'index sur la tempe, est entièrement concentré. Son corps est penché vers nous et traduit son assentiment, sa grande ouverture.

Je ne suis pas forcément d'accord, mais je vous laisse aller jusqu'au bout de votre démonstration.

Maintenant, notre interlocuteur a **la main sur la bouche,** qu'il obstrue. Il est concentré, mais quelque chose le dérange et il va s'agir de deviner ce que c'est.

Je ne suis pas d'accord, mais je me tais. Je vous laisse finir votre démonstration avant de me prononcer.

Notre interlocuteur n'est pas d'accord, il place **l'index en montagne,** mais il réfléchit et il n'est pas interdit qu'il revienne vers nous à la fin de son échange avec lui-même. La clôture de la bouche est ici clairement un moyen de prendre du recul pour retourner dans la discussion.

Je ne suis pas d'accord
et je vais vous le dire.

Avec **l'index,** la personne est en désaccord et elle va l'exprimer. Il arrive d'ailleurs qu'**elle tapote ses lèvres comme si l'index** était le bouchon de cocotte minute qui maintient la pression. **Avec l'index et le majeur,** la personne est en désaccord, mais elle ne veut pas l'exprimer.

Je ne suis pas d'accord,
mais je ne suis pas forcément prêt à l'exprimer.

De manière générale, toutes les attitudes main sur la bouche sont des attitudes de fermeture. La position des doigts leur donne tout leur sens.

NOTES

1. Sur les notions de manque, lire l'ouvrage de Claudia Rainville, *Métamédecine : La guérison à votre portée,* Stoneham, 1995.

2. Cf. Morris, Desmond, *Le Couple nu*, Paris, Le Livre de poche.

3. Expérience décrite par Diane Ackerman, *Le Livre des sens, op. cit.*

4. Cf. Tomatis, Alfred, *L'Oreille et la vie*, Robert Laffont, 1987.

5. Nous ne pouvons que vous conseiller de vous référer aux travaux du docteur Ermiane sur les muscles du visage.
En matière de morpho-psychologie, ces intuitions sont à notre sens celles qui sont les plus porteuses. N'oublions pas que pour ce qui concerne les microdémangeaisons, l'activité de l'esprit est relayée par notre système hormonal traducteur sur les muscles de l'état de nos humeurs.

6. Claudia Rainville, *Métamédecine : La guérison à votre portée, op. cit.*

7. Cf. Bernstein, I. S., Rose, R. M. et T. P. Gordon, « Behavioral and environmental events influencing primate testosterone levels », *Human Evolution 3*, 1974, pp. 517-525.

8. Il s'agit bien évidemment d'un « jamais » de circonstance. Nous pensons comme bien d'autres avant nous qu'il ne faut « jamais » dire jamais. Ce rappel méthodologique nous incline à dire une fois encore s'il était besoin qu'en matière de synergologie, nos observations sont des indices et pas des vérités et qu'il ne faut pas craindre de traiter avec beaucoup de circonspection toutes les assertions qui ressembleraient de près ou de loin à des jugements de valeur.

« Les quadrants postérieurs représentent la partie passive, inconsciente de la personnalité, emmagasinement passif de l'imagination et de l'instinct, ce qu'on pourrait appeler un processus de nutrition, tant physique que mental. »

Louis Corman

CHAPITRE 11

LE MENTON DUBITATIF

La main posée sur le menton, la bouche est dégagée. De fait, les mots libérés sortent du cerveau avec force et positivité. L'être humain entrevoit un coin de ciel bleu derrière des pensées obscures. Les nuages d'une main sur la bouche se lèvent, la main sort de l'antre buccal comme un oiseau qui se déplace sur le visage pour se poser sur le menton. L'écoute est de bonne qualité.

La réceptivité n'est cependant pas toujours totale. Des facteurs parasites tels que le stress ou la fatigue peuvent filtrer les pensées. Les mains traduisent ces états d'esprit.

Une main mâtinée de stress

La main sur le menton prélude-t-elle à une grande ouverture, à un réel désir de communiquer, ou ne signale-t-elle qu'un moment de relâchement entre deux états de fermeture ? La forme de ses contractions l'exprime.

La main posée sous le menton, le penseur de Rodin réfléchit ; c'est un penseur de roc et son attitude est une attitude de force. Pourtant, la main sous le menton, il n'est pas convaincu par son interlocuteur. Il est dubitatif. En cela, n'en déplaise à Auguste Rodin, son penseur rumine sa condition d'homme de pierre et il risque bien de ne rien sortir de très constructif de ce raisonnement brut. Un index sur la tempe aurait sans doute davantage aidé le penseur dans sa réflexion ; mais peut-être alors l'homme de pierre aurait-il dépassé, dans la réflexion, l'homme de chair, au grand dam du sublime penseur-sculpteur Rodin.

Je vous écoute.
Ouverture malgré un
stress interne.

Le poing fermé traduit un état interne de stress. Le poing se ferme parce que le cerveau se ferme. Le cerveau se ferme sous l'effet du stress et non sous l'effet du discours d'autrui. La bouche est dégagée. Les mains ne font pas barrière à l'échange ; le contact passe. Si le stress était produit par le discours de son interlocuteur, Syner, notre humanoïde, aurait la bouche clôturée par la main. Or, la bouche n'étant pas obstruée, il n'y a pas de barrière. Le stress a donc pour origine soit un état interne de fatigue, soit l'excitation produite par l'échange. La prononciation de certains mots suffit à elle seule à déclencher le mécanisme du stress.

Si la bouche ne se clôture pas, c'est que notre interlocuteur apprécie le rapport tissé avec nous. Cependant, ne nous y trompons pas, il ne saurait rester longtemps dans cette attitude appétente. Si le niveau de stress ne baisse pas rapidement, notre jeune interlocuteur risque de clôturer sa bouche et la qualité de communication sera alors perdue.

**Je prends du
recul**
pour réfléchir.

Ici, **le poignet désaxé** montre que notre interlocuteur n'est plus autant face à nous. Il a pris une très légère distance consécutive soit à un très léger mal-être, soit à une volonté de réfléchir. Le stress est traduit dans la fermeture de la main.

Deux situations correspondant à deux dispositions d'esprit différentes sont traduites visuellement par deux positions de mains voisines, différenciées par l'œil synergologique.

La main dubitative

Le menton est par excellence la zone sur laquelle l'homme exprime son attitude dubitative. La main sur le menton est une main vaguement interrogative. C'est la main des potaches aux prises avec un problème mathématique difficile. **L'homme frotte son menton** parce qu'il ne sait pas trop comment il va s'y prendre. Il est dubitatif.

Je me demande.
Attitude
dubitative.

La barbe est la marque d'autorité du vieux sage. Ceux qui se demandent se frottent la barbe. La barbe grattée bruit et ce bruissement est bruissement de sagesse, du moins le pensent-ils. Ce geste est passé dans les mœurs et, tout à fait paradoxalement, les mentons imberbes sont parfois caressés par les jeunes gens en quête de reconnaissance sociale.

Je m'interroge.
Un certain
détachement est
traduit
par cette
attitude.

Ici, **la main est ramassée sur elle-même** comme l'esprit est ramassé sur lui-même. Aucun des sens n'est obstrué par la main. Il n'y a donc pas de signe de fermeture ; mais, en même temps, la main agit sur le visage parce que l'être se demande, se pose des questions avec l'autorité du sage – du moins l'espère-t-il !

La main appétente

Lorsque **la main s'ouvre totalement** sur le menton et que pas un nuage ne vient se poser sur la bouche, l'être humain marque sa grande appétence. La main n'est plus alors sur le visage que pour donner une contenance et ne pas se laisser aller à s'abandonner complètement dans les yeux de l'autre. Cette main est la main de la pudeur. Plusieurs positions traduisent cette grande appétence.

**Je suis bien
en ce moment.**
Détente et
bien-être.

La main contourne, lascive, l'extérieur du visage. La bouche est largement dégagée. La tête repose sur la main et permet à l'esprit de se reposer. On pressent une réelle ouverture mêlée à un état de détente.

Je suis bien.
Très légère pudeur.

Évidemment, plus cette main se détache de la bouche et plus l'ouverture est grande. Dans cette situation, **il arrive que l'auriculaire vienne retrouver la bouche.** C'est l'auriculaire du petit nuage à l'horizon, mais il ne faudrait pas chercher à lire davantage de signaux dans cette manière d'être. L'auriculaire sur le coin de la bouche est souvent rien de moins qu'une dernière barrière face au regard de l'autre. Cette protection est toute naturelle ; l'interlocuteur nous écoute ; nous sommes passifs. L'auriculaire sur la bouche n'est qu'une forme de protection face à notre regard. Rien de plus naturel pour une personne, lorsqu'elle est légèrement gênée par son interlocuteur, que de ne pas laisser tomber les dernières barrières derrière lesquelles, gênée, elle a le sentiment d'être bien nue.
Dans une situation d'échange dans laquelle les deux interlocuteurs sont impressionnés l'un par l'autre, celui qui parle a toujours l'avantage d'être actif. De fait, il prend une contenance naturelle que n'a pas l'interlocuteur passif.

La bouche est une ouverture ; plus la main s'éloigne de cette ouverture pour laisser libre accès au discours, aux mots, à l'échange, plus l'échange a de chances d'être riche.

Je suis OK.
Je te suis.

Dans les situations de grande appétence, l'homme est enthousiaste. **Le pouce levé sur le menton** est une autre manière de dire notre accord. Le pouce levé, l'être humain signifie qu'il est « OK ». Il s'affirme et se met en avant pour signifier son accord. Il n'y a pas de nuage entre l'interlocuteur et lui. Le poignet désaxé indique le pouce levé significatif du « OK » en direction de son partenaire d'échange.

L'attitude suivante est plus positive encore. **Le pouce levé** est clairement identifié à l'intention de l'autre.

Vas-y, continue !
Je suis vraiment
avec toi.

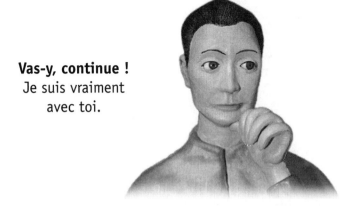

L'ultime réserve du poing contre la poitrine est tombée. C'est là une très bonne attitude.

**Je t'écoute
attentivement.**
Grande
appétence.

L'attitude pouce sur la joue est encore une attitude de grand bien-être. Le pouce largement ouvert, notre interlocuteur nous laisse voir combien il est positif. La main reste encore sur le visage, simplement pour l'aider à garder une contenance.

Lorsque **l'index se pose sur le visage**, il désigne l'affirmation, mais cette affirmation prend des formes très différentes selon la position de l'index sur le menton.

Je suis d'accord,
mais j'attends
encore un peu
pour être
définitivement
convaincu.

L'index sur le menton, l'interlocuteur est dubitatif. Il nous écoute, mais il attend davantage. Il n'est pas gêné, sa bouche est découverte, mais en même temps, il attend davantage pour prendre une décision. La personne risque d'ailleurs de faire une proposition.

Il existe maintenant des positions dans lesquelles les deux mains sont impliquées.

Ici, les deux mains sont refermées l'une sur l'autre et une tension existe, mais c'est une tension de bien-être pétrie de positivité.

Je suis bien.
Grande lascivité
(mains en
coupole).

Il existe diverses situations lascives au cours desquelles, bercés par un bien-être détendu, nous écoutons notre interlocuteur sans mot dire. Les causes de telles situations sont diverses et variées, mais derrière ce geste, il y a toujours une douce langueur et ce geste est à l'évidence un geste de grande appétence.

Il existe enfin une situation d'extrême appétence, après la situation dite de « mains en coupole », il s'agit de celle dénommée les « mains en berceau ». Le cou est alors tendu vers l'autre et nous lui faisons l'offrande de notre visage.

**Je suis
extrêmement bien.**
Tu me berces
(mains en berceau).

TROISIÈME PARTIE

LE LEXIQUE CORPOREL

Le lexique corporel

Le visage était le témoin de la concentration de notre pensée ; témoin des désirs et de leur répression dans l'intériorité des sens ouverts ou fermés. Avec la découverte de son corps, tout à coup l'être s'anime ; ses désirs se mettent en mouvement. Il ne se contente plus d'aimer ou de refuser, il lui faut prendre ou se sauver, « aller vers » ou « partir de ». Ses besoins vitaux, mentaux, affectifs, s'inscrivent dans l'espace et c'est sur l'espace de son corps que s'impriment l'espace et le temps.

Sur son corps, l'être humain incarne ses désirs.

CHAPITRE 12

LES HAUTS-LE-CŒUR DU HAUT DU CORPS

La gorge ou l'espace de communication entre le visage et le corps

Le visage s'offre à la vue, seulement masqué parfois par une moustache, une barbe, une paire de lunettes. Le corps, lui, caché sous des vêtements, se laisse deviner sans se montrer vraiment. À la jonction entre le visage librement offert aux regards et le corps toujours caché, la gorge découvre l'intime.

La main sur la gorge, l'être humain répond à deux attentes bien différentes. Sa gorge est le lieu d'ouverture vers la sensualité, en même temps que la voie de la traduction physiologique du manque de communication. Les gestes traduisent ces deux états d'être antagonistes sur deux zones différentes de la gorge. Nous distinguons ici le haut de la gorge, sous le menton, à l'endroit de la trachée, là où le canal d'ouverture est le plus contracté, et le bas de la gorge au niveau du thorax, à l'endroit où s'exprime non consciemment l'ego.

Les mal-être de la gorge

Le haut de gorge se contracte lorsque l'Homme exprime un mal-être. Il est trop tard pour intervenir et l'être humain est pris à la gorge comme les chiens se prennent à la gorge pour affirmer leur supériorité les uns sur les autres ; comme l'huissier « prend à la gorge » son client sans ressources.

L'homme est malheureux, sa gorge se serre. L'immobilité forcée de la prise au piège « oppresse ». La main va instinctivement à la gorge. Elle circonscrit la voie de communication entre le corps et le cerveau pour réprimer cette pression et relâcher l'étouffement consécutif à la vasoconstriction des vaisseaux. Face à l'agression et à l'oppression, l'être humain, d'abord inhibé, n'a ensuite le choix qu'entre deux attitudes : la fuite, car il reste « sans voix », ou la lutte, car il peut vouloir crier son malaise.

L'être humain reste sans voix

Ces situations sont l'expression du même mal-être physiologique. Sous le choc de l'émotion, l'être humain devient d'abord « tout blanc » sous la pression de réactions hormonales[1]. Ce n'est pas là qu'une métaphore. Dans ces moments précis, le sang se concentre dans les membres, bras et jambes, pour que l'être humain puisse se sauver (avec les jambes) ou réagir et se défendre (avec les bras). La gorge connaît alors une oppression bien compréhensible causée par la « désaffection » du sang occupé à irriguer d'autres voies musculaires.

Je reste sans voix.
La situation m'oppresse.

Dans ces moments, **la main sur le haut de la gorge,** l'être humain, sous le coup de la situation, se sent agressé sans pouvoir réagir. La main calme la gorge serrée pour qu'elle ne se serre pas davantage. C'est une manière de maîtriser le mouvement physiologique reflet de l'anxiété.

J'étouffe.
J'ai besoin
de respirer.

L'être humain fait signe de dégager son col de chemise pour mieux respirer. Si l'énergie se bloque au niveau du plexus solaire avant que le cœur n'ait eu le temps de jouer son rôle de pompe aspirante et refoulante, d'envoyer le sang vers le cerveau, et que ce processus dure trop longtemps, c'est l'évanouissement. En termes de communication, l'observateur de la situation sait qu'il vient de porter l'estocade efficace. L'autre reste réellement sans voix.

Mais il arrive également que la réponse ne traduise pas l'inhibition. La réponse virtuelle est alors tout autre.

L'être humain brûle de parler

Face à l'agression verbale larvée de son interlocuteur, l'être humain qui n'est pas « saisi » par l'émotion, « pétrifié » par la situation, peut décider de répondre. Il brûle alors de parler.

Il commence à m'agacer.
Les choses m'énervent.

L'irritabilité prend diverses formes selon les situations. **À mi-chemin entre l'oreille et la gorge, il se gratte.** Agressé verbalement par un partenaire de négociation, l'être humain bien décidé à sortir d'une situation difficile par la repartie peut chercher activement à faire « feu » de tout bois. Il peut également connaître déjà sa réplique et les mots « brûlent » alors de sortir.

L'être humain cherche sa repartie. Il entend des choses qui lui sont désagréables et il cherche activement la réponse. Il n'a toutefois pas trouvé la parade. Il a entendu les mots qui sont entrés dans son oreille, et il voudrait répondre.

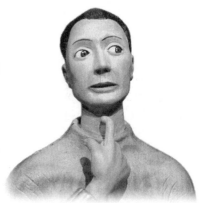

Ça me brûle de lui dire ce que je pense.
Ça me reste en travers de la gorge.

Dans la situation où **l'être humain se gratte la zone du cou,** il sait précisément ce qu'il va répondre. Les mots brûlent de sortir. Face à un interlocuteur en pareille position, il appartient de tempérer les propos, car la réplique pourrait bien être plus cinglante que l'attaque.

L'autorité du nœud de cravate

La synergologie est l'étude de l'observation des microgestes de l'être humain sur son visage et sur son corps. La cravate devient pourtant dans une circonstance particulière l'attribut viril de l'être humain, et s'exprime comme symbole phallique. L'attitude suivante le décrit :

Je suis l'autorité
(lorsque l'autorité semble précisément être remise en question).

Dans certaines circonstances précises, l'être humain cherche à affirmer son autorité exactement de la même manière qu'il cherche à affirmer sa virilité. Dans ces circonstances particulières, il donne à voir ce qui jusque-là n'avait pas semblé évident, c'est-à-dire qu'il est Homme. Virilité ou Autorité semblant être remises en question, l'homme les circonscrit visuellement sur son territoire corporel. L'être dont l'attitude naturelle passe par une main réajustant à intervalles réguliers son nœud de cravate est une personne qui souffre, sauf cas particulier, d'un complexe d'infériorité, souvent transmuté d'ailleurs en complexe de supériorité[2].

L'espace de la gorge n'est pas qu'un espace de réflexion. Des mots agréables nous viennent parfois aux oreilles, des mots traducteurs de ces situations qui nous mettent « l'eau à la bouche ».

Les bien-être de la gorge

Il est des situations où le désir de communication s'exprime sur l'axe de la gorge. Les mots ne sont plus alors inhibés, réprimés, ils vont sortir librement. Notre interlocuteur attend le moment adéquat pour parler. La pomme d'Adam est une zone d'autorité et l'intervention de notre interlocuteur sera mâtinée d'une autorité certaine.

Finis de causer, et attends voir un peu !
Je te prépare une réplique dont tu vas te souvenir.

L'interlocuteur qui vient d'être agressé verbalement a finalement retiré une certaine jouissance de l'agression, parce qu'il a prévu une parade qui dort encore dans sa gorge, mais ne saurait tarder à être exprimée. Il a en bouche l'argument décisif pour sortir vainqueur de la joute verbale.

En termes de communication, **la personne qui passe la main sur sa pomme d'Adam** alors que vous êtes en train de la réprimander pense que son argumentation est supérieure à la vôtre. Si vous voulez la convaincre, il faudra donc trouver d'autres arguments.

Le buste, lieu d'expression de l'ego

À l'endroit du thorax, la gorge n'existe plus comme point de contraction, mais au contraire comme centre d'affirmation. Avec le torse, l'être humain affirme son ego. Il est chez lui cette zone noueuse où le cœur, à la fois centre sentimental et espace de force physique, s'exprime. Tarzan martèle vigoureusement sa poitrine et dans ce geste il s'affirme comme le roi de la jungle. Imaginez-le frappant son ventre : il aurait l'air ridicule ! Chez la femme, le torse est le lieu visuel de sa féminité. Le volume de ses seins exprime la marque de sa différence. Marylin Monroe plaçait ses mains ouvertes en forme d'offrande devant son buste lorsqu'elle chantait. Elle faisait ainsi vibrer les résonances d'une féminité qu'elle jetait en pâture aux fantasmes de son public.

Sur cette zone, l'être humain exprime son besoin d'exister. Le buste envahi par la main prend alors soit la forme voluptueuse d'une reconnaissance affective, soit la marque plus existentielle et primitive du désir d'affirmation.

Les microcaresses du buste ou la soif d'échange affectif

Le buste est situé dans la zone du cœur, au centre de l'être. Les êtres humains retiennent sur leur cœur l'objet de leur affection et, lorsqu'ils sont peinés, ils en ont « gros sur le cœur ».
Ainsi, sur le haut du buste, à la naissance de ses seins, **l'être humain caressant cette zone de son corps** caresse de ce geste l'objet de son désir.

La relation est douce avec toi !
Je suis bien avec toi,
je te désire.

205

La microcaresse sur le buste exprime un désir de fusion. La caresse auto-adressée exprime la volonté non exprimée de toucher l'autre.

De façon tout à fait consciente cette fois, que fait la strip-teaseuse ? Elle caresse son corps pour le mettre en valeur et l'offrir aux regards. Consciemment, elle projette ce code à un public qui le reçoit parce qu'il connaît ce code non conscient. La microcaresse sur le buste exprime un désir d'affectivité-sensualité. C'est la soif de l'autre que l'on adresse à son propre corps. Observez les gens restés sur les quais au départ des trains. Ils s'éloignent parfois les mains sur la poitrine pour retenir un moment encore l'autre sur leur cœur.

La caresse sur le corps est une caresse douce. La micro-démangeaison sur le buste correspond par contre à une volonté d'expansion de l'ego. Elle exprime un besoin de reconnaissance nié.

Microdémangeaisons du buste ou la volonté d'expansion de l'ego

Dans les microdémangeaisons de l'être humain sur le haut de son être, deux microdémangeaisons sur des zones différentes expriment des dispositions d'esprit différentes.
Il s'agit de la clavicule et du torse.

La microdémangeaison de la clavicule ou la volonté de don de l'ego

La clavicule est un os placé au creux de l'épaule. Or, c'est sur les épaules que l'homme porte son fardeau. C'est sur les épaules que pèsent les décisions ou les recommandations que l'être humain se voit imposer. Elles l'empêchent d'aller plus loin dans l'expression de ses désirs. Dans la mythologie grecque, le fils d'Œdipe et de Jocaste s'appelle Étéocle, « la vraie clef » ; cette vraie clef est la clavicule dans le corps. La clavicule est en effet le dernier battant de la porte du cœur. La métaphore est jolie, mais ce n'est pas là non plus qu'une métaphore.
L'être humain se microdémange parce qu'il pourrait ou voudrait donner plus.

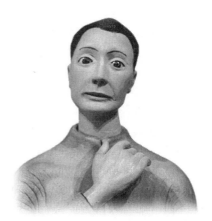

**Je pourrais
donner plus**
si j'osais.

Il est retenu par les conditions, mais son désir résonne dans sa clavicule microdémangée.
En situation de communication, vous savez que vous pouvez davantage solliciter l'être humain qui se gratte la clavicule.

La soif de reconnaissance de l'ego réprimé

L'ego est parfois réprimé dans sa volonté d'expansion. L'individu voudrait être reconnu davantage qu'il ne l'est. Il a le sentiment d'être nié.

Les démangeaisons du torse sont des gestes assez propres aux hommes, même si elles ne leur sont pas exclusives.
La microdémangeaison exprime cependant deux réalités dissociables.

**Ayez un peu de
considération ou
de délicatesse pour
moi.**
J'existe !

Ce geste du plexus microdémangé naît de deux réactions.
Dans sa première acception, l'ego se trouve flatté par l'interlocuteur, mais l'être humain n'est pas prêt à accepter « tout de go » la flatterie et il lui convient de s'en défendre, pour la bonne cause. L'homme est alors amené à se microdémanger le torse. La microdémangeaison traduit sa volonté très forte d'être.
Dans son autre acception, le torse se trouve démangé lorsque le groupe refuse de reconnaître ou de prendre en considération l'être humain au niveau où il pense devoir être reconnu. La frustration du regard du groupe peut alors produire les démangeaisons rebelles consécutives à la soif d'existence.

Les microdémangeaisons, désirs d'expression féminine

La femme n'exprime pas cette soif existentielle de reconnaissance de son ego sous la même forme que l'homme. Cette soif de reconnaissance s'exprime par d'autres gestes que nous lirons plus loin. Il lui arrive pourtant de se microdémanger elle aussi le buste, au niveau de ses seins, comme l'homme.

La femme exprime son désir du corps et des mains de l'autre. Cependant, ne nous y trompons pas ; tous ces gestes sont des gestes inconscients qu'il conviendra à l'objet du désir de faire émerger à la conscience. Entre le désir d'une interlocutrice et son expression, il y a exactement la même distance qu'entre ce que l'on pense et ce que l'on dit[3], la barrière de l'autocensure.

Le ventre, espace de matérialité

Le ventre est un espace bien particulier chez l'être humain. Il peut enfler désespérément et devenir ventre de la grenouille qui voulait se faire aussi grosse que le bœuf. Il est alors la partie matérielle sur laquelle se déposent les plus grosses adiposités. Mais il est en même temps cet espace matériel merveilleux dans lequel les enfants portés émergent à la surface de la vie.

Les hommes ont « la joie au cœur », mais « la peur au ventre ». Le ventre, c'est « les tripes ». Ne s'agit-il pas de « savoir ce que l'autre a dans le ventre » ? Et lorsque la réussite sociale arrive, l'être humain en « a tout autour du ventre », il est alors « cousu d'or », sous-entendant que c'est autour du ventre que cet or est cousu.

L'homme qui réussit s'empâte. La matérialité de son existence pèse. Il « fait du gras ». Il porte les mains sur son ventre pour marquer sa réussite. Le ventre témoigne alors de l'assurance de l'être humain. Le gros donne davantage confiance que le maigre, il est plus opulent[4].

Les gestes sur le ventre sont surtout des gestes propres aux hommes. Les femmes, elles, ne touchent leur ventre guère qu'à la période propice de la grossesse. Mais, là encore, deux catégories de gestes sont significatives: les microcaresses et les microdémangeaisons.

Les microcaresses du ventre ou la flatterie des richesses

L'homme qui se caresse le ventre caresse ce qu'il est devenu. Sa réussite se marque à son opulence et caresser son ventre permet de flatter cette opulence. En même temps, celui qui se caresse le ventre met tant d'ostentation à traduire son bien-être qu'il faudra sans doute un jour ou l'autre se poser la question de son mal-être.

**Je suis un type qui
réussit vraiment ;**
ça n'a pu
vous échapper.

Nous sommes, n'en doutons pas, face à un être humain fier de sa prospérité matérielle, surtout si cette position lui est devenue caractéristique, symptomatique devrions-nous dire.
Un conseil, utilisez la flatterie sans retenue avec un tel individu. Sa fatuité l'empêchera de discerner la feinte et il prendra pour argent comptant ce qu'il entend. Vous lui dites qu'il est le plus rayonnant ; il en sera persuadé. Il est trop fier de lui pour penser un seul instant que vous puissiez rire de sa fatuité. S'il ne le croyait pas, il ne se caresserait pas le ventre en votre présence comme il le fait.

Seules comptent, dans l'univers d'un tel individu, les valeurs matérielles qu'il a tissées autour de lui. Flattez sa fatuité en tête-à-tête, mais n'attendez pas grand-chose de lui, car il vous méprise. Ne pariez pas sur son humanité, vous perdriez à coup sûr. Ne vous perdez pas non plus en réflexions spirituelles ; elles ne seraient que des conjectures lointaines trop éloignées de l'univers fat de votre interlocuteur enraciné à la hauteur d'un ventre par trop matériel.

Évidemment, toutes ces réflexions ne valent que si ce geste est caractéristique d'un individu. N'importe quel être humain peut bien évidemment faire n'importe quel geste. Un geste est généré par une situation et montre une disposition d'esprit à un moment donné ; il ne devient un trait de caractère que lorsque sa reproduction devient systématique.

Les microdémangeaisons du ventre
ou la frustration de reconnaissance

L'homme se gratte le ventre parce qu'il est fier de ce qu'il est et qu'il aimerait que les autres lui rendent davantage hommage. **Il se gratte le ventre,** fier de ce qu'il a accumulé, de ce qu'il *représente,* mais il aimerait, là encore, que les autres se rendent davantage compte de sa valeur. L'homme est frustré ; vous n'avez pas assez d'égards pour sa réussite matérielle. Il s'agit de le mettre en avant. Rassuré, il arrêtera de se démanger le ventre.

Je suis quelqu'un ; rendez-vous-en un peu compte ! Vous pourriez avoir un peu plus d'égards pour moi.

Celui que l'on flatte et qui n'est pas prêt à tant de flatteries peut se microdémanger le ventre. Il est heureux, mais il a du mal, face aux autres, à assumer tant de bonheur sans trahir ce sentiment ; alors, il se microdémange le ventre.
Il est important de mesurer le rapport tissé avec celui qui se microdémange le ventre. Est-il flatté au centre de la discussion ou ignoré dans la discussion ? S'il est ignoré, il a un besoin de reconnaissance certain, bien compréhensible et différent de celui de l'homme qui porte la main constamment à son ventre parce qu'il a une très haute idée de lui. Il faut savoir le dépister.

Ainsi, lorsque des êtres humains en situation de communication se démangent le buste ou le ventre, il appartient à leurs interlocuteurs de leur donner la parole. Ces gens traduisent par ce geste leur frustration face à trop peu d'attention.

Deux mots enfin sur le bas-ventre pour conclure ce chapitre, et deux mots qui seront malheureusement d'une grande pauvreté. Le lieu des parties génitales est en effet généralement banni de toute microcaresse, toute microdémangeaison. La culture et l'éducation coalisées dans leur travail de répression de l'expression des pulsions n'ont pas failli à leur tâche, car il est relativement rare de voir des gestes même subreptices à l'endroit du sexe. Par contre, nos hanches et nos fesses, moins désignées explicitement comme zones érotiques sensibles, traduisent ce que la main ne peut exprimer trop abruptement. Ce déplacement traduit bien le fait qu'en matière d'expression corporelle, inné et acquis se mêlent étroitement pour proposer une cartographie du cerveau dans laquelle les siècles, avec leurs codes d'intimité[5], marquent de leur empreinte nos codes sensoriels et gestuels.

NOTES

1. Pour ce qui est des rapports de l'être humain à sa biologie, vous pouvez consulter utilement Vincent, Jean-Denis, *Biologie des passions*, Paris, Odile Jacob, 1986.

2. Pour ce qui concerne le complexe d'infériorité travesti en complexe de supériorité : Cf. Harvey, James et Joan Katz, la notion de « Complexe de l'imposteur », *Sous le masque du succès*, Montréal, Le Jour éditeur, 1986, 218 pages.

3. Le trouble d'exclusion de la censure dans la parole se nomme *le mentisme*. Il s'agit d'un trouble pathologique ; comme si le fait de ne rien réprimer et de traduire librement les pensées, lorsque nous parlons, renvoyait au mensonge. Alors que c'est là peut-être précisément le contraire du mensonge.

4. Pierre Bourdieu montre à travers plusieurs études que les goûts changent et il montre notamment que les femmes aiment moins les gros qu'elles les ont aimés à une certaine époque. Le gros n'apparaît plus autant en bonne santé qu'au début du siècle. Dans de nombreux articles de la revue qu'il dirige, *Les Actes de la Recherche en Sciences Sociales*, il étudie en détail la reproduction des schèmes dominants par le biais de ce qu'il désigne sous les termes d'éthos, d'hexis et d'habitus.

5. Une brillante étude historique sur les émotions a été conduite par Jean-Jacques Courtine et Claudine Haroche, *Histoire du visage : exprimer et taire ses émotions xvi début xix siècle*, Paris, Payot, 1994.

« Est-il jamais assez tard dans la vie, est-on jamais assez avant dans la voie pour pouvoir tourner impunément la tête vers ce qu'on a quitté ? »

Dominique Montesi

CHAPITRE 13

LE DOS POUR SE SAUVER DE TROP LOURDS FARDEAUX

Les hommes « font face » ou « tournent le dos ». En affaires, lorsque les choses « tournent » court ou se passent mal, celui qui s'est fait posséder l'a « dans le dos », en toute trivialité. Il y a encore celui, malhonnête, qui « fait un enfant dans le dos » à son partenaire et celui qui agit mal dès que nous avons « le dos tourné », à moins qu'il ne médise et « parle dans notre dos ». S'il fallait ramener toutes ces expressions à un dénominateur commun, il s'agirait simplement de dire que le dos, c'est la fuite.

En même temps, le dos traduit la lourdeur des situations et la difficulté à s'imposer face à l'ampleur des difficultés. Est-ce entièrement un hasard si l'homme solide a « les épaules larges », alors que son alter ego vit « le dos courbé » ; il en a « plein le dos » de cette situation et laisse passer l'orage en faisant « le dos rond » ou le « gros dos », par manque de force ou de courage.
Le bas du dos n'est d'ailleurs pas mieux traité par le sens populaire : l'homme fatigué est « éreinté » comme si le rein n'avait été créé que pour le faire souffrir. On parle ainsi du « bel estomac » du gros mangeur, du « grand cœur » de l'homme affable, du « bel organe » du chanteur, on ne parle jamais du beau rein, comme si les reins ne devaient exister qu'à l'état de « mal de rein » ou de « tour de rein ».
Tout se passe ainsi comme s'il existait un Janus à deux faces de l'homme, et comme si tout ce qui était devant et faisait face était éminemment respectable, pendant que tout ce qui se passait dans le dos de l'homme était vil, peu respectable, difficile à assumer.
Le bon sens populaire (dont on ne se méfiera jamais assez par ailleurs) exprime une opposition réglée entre le bien et le mal, le bien devant soi et le mal derrière soi, comme s'il lui fallait

traduire l'opposition réglée entre celui, courageux, qui « fait face » et celui, accablé, qui « tourne le dos ». Le bon sens ne fait là qu'exprimer une culture que le langage du corps traduit en des termes voisins.

Trois raisons principales expliquent nos fuites : l'accablement face à la situation trop lourde à gérer ; la rupture affective ou émotionnelle, les pulsions négatives.

Les microdémangeaisons du haut du dos ou la lourdeur des situations

Sur le haut du dos, le cou distribue l'énergie entre la tête et le corps. Il est la zone de l'échange par excellence. Le cou contrôle. En situation de perte de contrôle, c'est donc la zone du cou qui se trouve naturellement microdémangée. Il est temps de réagir. Trois microdémangeaisons se disputent la superbe pour prendre le contrôle des désirs de l'être humain. Regardons de plus près.

Région cervicale de la nuque : perte de contrôle et jalousie

L'homme qui tient sa tête bien droite et se déplace le corps mû par la tête est souvent quelqu'un pour qui les idées ont une grande importance. La raideur de sa nuque exprime son désir de ne jamais perdre le contrôle avec les situations, de ne pas les laisser s'échapper.

Pour cette raison, les démangeaisons du cou sont également appelées « démangeaisons politiques ». Elles expriment l'idée que l'être humain a du mal à se départir du contrôle qu'il a sur les choses.

Les microdémangeaisons à la base du cou : la jalousie

La microdémangeaison à la base du cou est par excellence la microdémangeaison générée par un énervement pulsionnel. Le picotement se produit sur la nuque.

La perte de contrôle de la situation agace l'individu. Il connaît les affres de la remise en question de son autorité. La situation lui échappe et il ne parvient plus à la gérer.

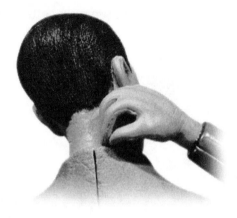

Je suis énervé.
Cette situation
m'agace.

La position des doigts au moment du mouvement est extrêmement importante. C'est elle qui permet de lire les réactions de l'être humain face aux pertes de contrôle des situations.

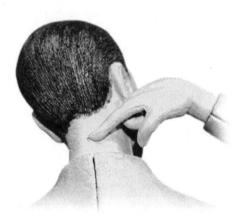

**Je suis jaloux ;
attention, ne passe
pas les bornes.**
Je vais réagir de
manière agressive.

Sa main est tout entière ramassée sur la zone du cou qu'elle s'acharne à démanger. L'être humain sous l'emprise de la jalousie se démange le cou d'un index rageur. L'index est le doigt qui dit « je » et c'est parce que le contrôle du « je » sur les choses est mis en question que l'index se montre si rageur.

Le rôle du pouce dans le cou
ou une réponse positive face à la jalousie

Face à la même situation, l'être humain observé sur cette image réagit très différemment.

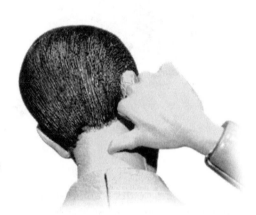

Comment retourner les choses à mon avantage
alors que tout semble m'échapper ?

Placé dans une situation qui l'oppresse parce qu'il est en train d'en perdre le contrôle, il réagit positivement et se demande comment il va réussir à la transformer à son avantage[1]. Vous êtes, soyez-en sûr, en face d'un caractère bien trempé. **La main dans le dos le pouce levé,** il vous prépare un coup dont vous pourriez bien ne pas vous remettre, à moins qu'il décide de vous associer à ses gains. Dans tous les cas, votre interlocuteur va trouver une solution, soyez-en sûr.

Les trapèzes et les omoplates ou deux formes de réactions face à la lourdeur des situations

Sur le haut du dos, l'être humain promène ses lourdeurs, ses fardeaux ; mais il y a les fardeaux qui accablent et les fardeaux qui appellent des réactions.

Microdémangeaison des trapèzes : le fardeau accablant

Autour du cou, les trapèzes soutiennent les épaules. Ces muscles ont pour fonction de relier l'épaule à la tête. C'est sur les trapèzes que viennent peser nos fardeaux lorsque les épaules se font lourdes.

Là, les choses sont un peu lourdes à porter
même si je ne le montre pas.

Lorsque l'être humain a le sentiment d'être accablé par le poids d'un fardeau à gérer, **une microdémangeaison se fait sentir à l'endroit des trapèzes.** Dans le domaine professionnel, lorsqu'on l'observe chez nos collaborateurs, ce geste exprime leurs inquiétudes face à l'ampleur d'un travail derrière lequel ils perdent pied. L'observation de ce geste permet de comprendre qu'il faut leur laisser le temps nécessaire pour s'organiser. Si la magnanimité est une des clefs de votre comportement, reprenez le dossier que vous venez de confier à celui de vos collègues qui le saisit d'une main en souriant poliment, pendant que de l'autre il microdémange un de ses trapèzes en se demandant comment il va bien pouvoir faire pour venir à bout de l'ampleur de la tâche.

Microdémangeaison de l'omoplate : le syndrome de la perte de temps

Sur l'omoplate, nos fardeaux continuent à glisser. Ils ne sont pas moins accablants, mais c'est la réaction cérébrale qui est différente et qui explique que la zone de microdémangeaison se soit déplacée.

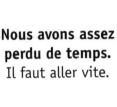

**Nous avons assez
perdu de temps.**
Il faut aller vite.

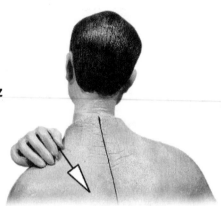

La microdémangeaison s'est déplacée vers le bas du dos, comme s'il devenait plus urgent de réagir. Mais il ne s'agit pas de se sauver pour échapper à nos fardeaux. Bien au contraire, il convient ici de réagir pour faire face plus rapidement à la situation. Nous avons en somme assez perdu de temps. Remarquez d'ailleurs que c'est très souvent le pouce levé (attitude positive) qui microdémange la zone du dos.

Cette microdémangeaison est celle des actifs par excellence. Observée de manière chronique chez un de vos proches, elle révèle un gros travailleur, heureux dans l'action ; un être pour qui le discours « n'est que du discours ». Un de ceux pour qui cet ouvrage risque bien de n'être que de la « littérature » !

Les microdémangeaisons du milieu du dos ou la rupture avec les désagréments affectifs

La main dans le dos, l'être humain cherche à s'échapper parce que les situations le dérangent. C'est parce qu'il n'est pas venu à bout de ses difficultés que l'être humain pris au piège d'une attitude impossible à tenir se microdémange. Il met la main dans son dos pour fuir. Examinons ces fuites.

Le milieu du dos ou la fuite du cœur

Dans son dos, au milieu de celui-ci, l'être humain est sur la face opposée à son cœur, il lui tourne le dos. Il désire partir, mais en même temps il sait, comme l'écrit très bien Antoine de Saint-Exupéry, que « tu es responsable pour toujours de celui que tu as apprivoisé[2] ». Ces désagréments dérangent, « ça gratte ».

Ce n'est plus possible entre nous.
Il faut que je m'en aille.

Je me souviens d'avoir entendu un jour une amie demander un renseignement précis à un garçon de café. Nous n'avons pas cru à l'explication qu'il lui donnait simplement parce qu'il **se microdémangeait le dos en parlant**. Il inventait pour échapper à la situation, pour ne pas sembler ignorant et perdre de sa superbe devant la jolie femme. En cela, ce geste réalisé à proximité de la colonne vertébrale est un geste d'une grande richesse pour qui sait le décoder. L'être humain est là où il ne voudrait pas être.

Microdémangeaisons lombaires
ou la rupture avec les situations physiques intenables

Lorsque la main se déplace plus bas dans le dos, elle avoisine une autre zone. Ce geste est l'expression sur le corps de pulsions différentes.

Il m'énerve.
Il faut que je
parte.

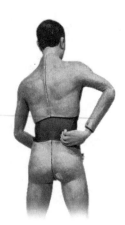

L'être humain se démange la région des vertèbres lombaires. Il est énervé davantage qu'excité. Toutes les positions de mains observées jusqu'ici traduisaient, derrière le mal-être, une volonté sans agressivité outrancière. Ici, les microdémangeaisons sont traductions de pulsions négatives assez fortes. Autrui n'est pas dans une disposition d'esprit propre à la discussion. Il a une forte envie de s'échapper parce que son désir de se colleter avec vous est un désir fort. Vous avez heureusement sur lui l'avantage d'avoir observé ses microdémangeaisons. Vous n'êtes donc pas surpris par son attitude et vous allez avoir toute latitude pour lui répondre calmement.

Le bas du dos, zone de nos craintes féroces

Plus l'être humain descend dans le bas de son dos, plus il est proche de ses besoins de base, de ses besoins matériels. Il est également dans la zone où s'expriment ses pulsions les plus primaires.

Microdémangeaisons du coccyx : inquiétude
face à nos besoins de base

L'être humain est inquiet.

**Comment
est-ce que je vais
faire
matériellement ?**
Les choses sont
lourdes à porter.

Les insécurités matérielles s'expriment dans la région du coccyx, sur la face opposée à celle du ventre. Le ventre gras et replet traduisait l'opulence. Ici, au contraire, c'est le manque d'opulence qui fait que « l'on s'échine » et c'est sur cette zone que l'être humain montre qu'il « en a plein le dos » de la situation, le coccyx microdémangé. Si vous êtes en négociation et que vous observez ce geste chez votre interlocuteur, proposez autre chose, car votre proposition crée chez lui une insécurité matérielle nuisible qui semble le ronger.

Ce geste renvoie aux statuts matériels des individus qui se démangent. Ils craignent pour leur statut et hésiteront par conséquent à prendre leurs responsabilités si la prise de risque peut leur être préjudiciable.

Microdémangeaisons du postérieur
ou la volonté irrépressible de partir

Les microdémangeaisons du postérieur traduisent le désir de fuite, le désir de partir et de partir vite. L'être humain a réellement « le feu aux fesses ».

**Il faut partir
vite.**
Nous sommes
déjà là depuis
trop longtemps.

Notez bien que la trivialité a détourné peu à peu l'expression
« le feu aux fesses », pour lui donner le sens érotique du « feu
au cul », indiquant par là que la personne, la femme en général,
est très attirée par le feu du désir brûlant ses entrailles. Mais
c'est un détournement de sens d'une expression qui voulait
que l'être humain se presse face à l'urgence d'une situation.
C'est en tout cas le mouvement que donnent à exprimer ces
microdémangeaisons.

L'être humain voudrait partir au plus vite. Cette attitude est
vraiment incoercible, soudaine, pulsionnelle. Il est trop tard
pour échanger, négocier, discuter. Votre vis-à-vis n'est plus
avec vous.

Microdémangeaisons de la zone rectale :
impossibilité de faire confiance

Réprimé par nos cultures parce qu'il renvoie à l'ordre de la
scatologie, le conduit anal n'en reste pas moins un orifice, une
ouverture. Comme il est réprimé, au même titre que les impuretés
dont il assure le transit, peu de gestes vont se révéler à son
endroit. Son existence nous est pourtant rappelée au hasard
de certains gestes.

**Je suis seul et je
ne peux pas avoir
confiance**
en l'autre ou les
autres.

La microdémangeaison se produit dans toutes les situations où est entretenu le sentiment qu'il nous est impossible de faire confiance aux autres. Inquiet des résultats, l'être humain assume l'action seul, sans toutefois pouvoir réprimer une démangeaison traductrice de sa pensée et de sa crainte matérielle devant la charge de la situation à assumer.

Les psychologues expriment dans des termes similaires, même si leurs préoccupations sont différentes, le rapport étroit existant chez le jeune enfant entre la maîtrise de ses sphincters et la retenue des biens matériels.

NOTES

1. Il est à la recherche de la solution dite gagnant-gagnant, solution dans laquelle les protagonistes d'une situation, loin d'être des concurrents, deviennent les partenaires de l'échange.

2. Cf. Antoine de Saint-Exupéry, *Le Petit Prince,* Paris, Gallimard, Coll. « Folio junior », 1988.

« Ninon, Ninon que fais-tu de la vie ?
l'heure s'enfuit, le jour succède au jour.
Rose ce soir. Demain flétrie.
Comment vis-tu, toi qui n'as pas d'amour ? »

Alfred de Musset, À quoi rêvent les jeunes filles ?

CHAPITRE 14

LE FLANC, EXPRESSION DE DÉSIR DU DÉSIR

La lascivité est très souvent représentée dans la sculpture, les arts graphiques et la peinture par des jeunes femmes couchées sur le flanc. Les jeunes Parques des peintres de l'Antiquité sont lovées dans les herbes sur le flanc.

Sur le corps, le flanc, depuis l'aisselle jusque vers la hanche, est une zone érogène sensible ; la peau y est plus douce, plus fragile que sur n'importe quelle autre partie du corps.

Le flanc désigne ainsi nos fragilités ou plutôt les faiblesses de notre chair[1].

Microcaresses et microdémangeaisons rivalisent dans l'expression érotique du désir ou plus exactement dans le désir du désir. Essayons de comprendre pourquoi, essayons de comprendre comment.

Les flancs ou la difficulté à aimer

Avec la face de son corps, l'être humain va vers l'autre. Il exprime sur son buste et son ventre sa soif d'existence et traduit par les démangeaisons correspondantes ses difficultés à être. Les mains posées sur son dos, au contraire, il fuit, il refuse, il s'en va. Mais il existe des situations où l'interdit empêche d'aller vers l'autre à moins de vivre avec lui un désir caché. Il est des situations où il faudrait fuir pour respecter les codes sociaux et où l'être humain reste là, laissant voir au synergologue l'intensité de son désir. Observons.

Les microdémangeaisons sous les aisselles ou l'impossibilité de la protection

Avant d'aller vers les microdémangeaisons les plus sulfureuses, les microdémangeaisons sur le flanc sont les traductions de nos impossibilités à être. La **microdémangeaison sous l'aisselle** exprime clairement ce phénomène.

Je suis malheureusement impuissant à venir en aide. J'en suis désolé.

Cette démangeaison exprime l'impuissance. Le puissant prend « sous son aile » celui qui l'est moins. Ici, l'être humain en situation d'échange s'avère impuissant à régler la difficulté pour laquelle une aide lui est ou pourrait lui être demandée. La compréhension de ce geste est essentielle. Il est arrivé à chacun d'entre nous d'avoir été amené un jour ou l'autre à demander de l'aide à autrui. Cette aide nous a parfois été refusée, sans que nous ayons pu savoir si c'était avec raison. Chaque fois que le refus se double de cette microdémangeaison, vous pouvez être sûr que l'autre ne peut faire autrement que de refuser son aide, même si par ailleurs il ne le dit pas. Dans son esprit, il a abdiqué et pense qu'il n'a pas le pouvoir de résoudre le problème ou de vous venir en aide, et il en est désolé.

Dans l'ordre des microdémangeaisons, la main, en descendant plus bas sur le flanc, rejoint l'univers affectif. Toutes les microdémangeaisons suivantes sur le flanc sont nées d'un désir de sensualité même s'il est parfois inconsciemment refoulé.

Derrière le sein, les microdémangeaisons du désir réprimé

Le volume des seins féminins fait de ces parcelles cachées de chair des objets d'érotisme, d'autant que leur forme distingue hommes et femmes. Puissamment érogènes, ils ne sont jamais effleurés sans que la lecture du geste n'ait une connotation sexuée.

Le désir de relation illégitime. Regarde mon corps.

Cette microdémangeaison est réalisée à la naissance extérieure du sein. La main mue par la démangeaison se place à la jonction entre la face du sein (expression du désir d'aller vers l'autre) et le dos exprimant le désir de fuite.

Ce geste traduit le désir inconscient de l'autre dans une situation où ce désir est interdit par les conventions sociales, il traduit l'illégitime. Cette démangeaison est complètement gommée lorsque les couples « conventionnés » sont ensemble en situation de face à face.

Avec ce geste, le terme de relation reste prépondérant. Le désir physique est présent et bien présent, mais la microdémangeaison exprime davantage, elle montre la volonté mi-consciente de voir deux egos se rencontrer pour que deux désirs puissent se vivre.

Le bas du dos ou les microdémangeaisons pulsionnelles

Sur le bas du dos, **les microdémangeaisons traduisent avec plus de vigueur encore le désir sensuel.**

Je te désire.
Désir charnel.

Ce type de démangeaison, s'il est repéré chez notre interlocuteur de manière répétée sans qu'il puisse être confondu avec une démangeaison dans le dos, nous en dit assez long sur la libido de la personne observée.

Mais, attention, si le désir est si fort, c'est sûrement également parce qu'il est fortement réprimé. Certains êtres peuvent ainsi éprouver une sensualité très forte sans vouloir la faire surgir à la conscience ; ils vivent ainsi leurs émotions sur le mode de la répression. Il y a fort à parier que la sublimation de cette attitude passe par d'autres canaux et notamment le canal vocal, les logorrhées verbales ayant vocation de réguler les déficits de la relation sexuelle.

Les chakras, et avant eux l'arbre de vie des séphiroths de la Kabbale[2], exprimaient ce rapport entre le désir sensuel et la créativité passant par la bouche. Ce qui ne fera pas problème aux rationalistes versés dans l'approche psychanalytique et pour qui « l'inconscient est structuré comme un langage[3] ».

Les hanches ou la volonté d'aller de l'avant pour satisfaire nos désirs

Dans le bas du dos, à une main des organes génitaux, se situent les hanches. Le désir brûle et les microdémangeaisons sur le côté des hanches traduisent cette réalité. Les mains libres se promènent sans entraves physiologiques sur cette partie du corps.

Microdémangeaisons et microcaresses ou la marque du désir réprimé

La hanche microdémangée traduit le désir intense « d'aller vers ». Bien évidemment, ce désir peut être de nature sensuelle, mais ce n'est pas toujours le cas et la microdémangeaison traduit la répression du désir.

L'excitation réprimée.
Je désire me « rapprocher » de toi.

L'être humain qui librement peut aller « vers » n'éprouve plus cette sensation de picotement traductrice de la micro-démangeaison.

La microcaresse de la hanche a un sens un peu différent du geste précédent. Elle exprime la soif de désir sensuel.

**Le désir sensuel
d'« aller vers ».**
Ce que vous êtes me
plaît.

Ce geste correspond à une disposition d'esprit mi-consciente, mi-inconsciente. Il se positionne comme volonté que traduit la **microcaresse.** Il s'agit d'un geste proprement féminin. Les femmes qui se lèvent en défroissant leurs jupes connaissent bien cette attitude. Elle a l'avantage de dessiner leur taille fine ou leur jolie poitrine, mise en avant le temps nécessaire pour se redresser. Ce geste est également signifié clairement lors de microfixations.

Les microfixations sur les hanches : la marque de l'autorité

La position des mains posées sur les hanches tient une importance majeure lorsqu'il s'agit d'exprimer leur signification.

**Je suis
l'autorité.**
Voyez la force
que je
représente.

Alors que l'homme a tendance à affirmer sa force virile les mains sur les hanches, la femme affirme sa dimension femme-femelle. Les hommes et les femmes ne mettent d'ailleurs pas les mains sur les hanches aux mêmes moments. L'homme affirme par ce geste son autorité, alors que la femme place généralement les mains sur les hanches pour renseigner l'autre sur sa féminité. À travers l'évocation des mains sur les hanches, nous tenons par l'observation une des caractéristiques comportementales principales de l'homme et de la femme en société. Leurs codes de domination et de soumission sont différents.

Dans les entreprises pour lesquelles mon équipe et moi-même sommes intervenus, nous avons noté que les femmes, si elles dirigent des groupes composés d'hommes, n'imposent pas leurs statuts de supérieurs hiérarchiques de la même manière. Les ordres ou les actes d'imposition féminins sont presque toujours donnés avec davantage de tact, comme s'ils traduisaient davantage de légitimité. Ainsi, l'autorité « dure » est souvent le fait d'hommes, sans doute parce que les femmes, à niveau égal de compétences, sont souvent délaissées au profit de leurs congénères masculins. Les femmes dirigeantes ont donc très souvent des niveaux de compétence supérieurs aux hommes, sans quoi ils leur auraient été préférés. Elles n'ont de ce fait pas à faire preuve de tant d'autorité pour voir leurs compétences s'imposer. Différentes, elles imposent des marques d'autorité différentes.

Les mains sur les hanches sont chez les hommes la traduction de l'enjeu de pouvoir. Celui qui a les mains sur les hanches cherche à imposer son autorité et presque toujours d'ailleurs parce qu'elle n'est pas, à ce moment précis, une autorité naturelle. Le stress en situation a radicalisé le schéma corporel.

Chez les femmes, les mains sur les hanches, lorsqu'elles sont parallèles à l'axe des jambes, traduisent l'attirance physique consciente ou non vers l'autre. Il arrive pourtant que l'homme positionne les mains parallèlement à l'axe de ses jambes.

Il place alors les mains sur ses fesses et son bassin avance ainsi vers la femme. Il est aisé dans ce cas précis de faire un raccourci de l'observation vers les données physiologiques.

Je te désire,
je m'avance vers
toi.

L'homme prend prétexte non conscient de ses **mains posées à la hauteur des fesses** afin de s'approcher de la femme.
Il a « le pénis arrogant » même si par ailleurs il crierait à qui veut l'entendre que c'est un mensonge si on lui faisait remarquer l'ambiguïté de sa position.

NOTES

1. C'est d'ailleurs sur le flanc que le Christ est blessé par un centurion avant d'être mis en croix.

2. Cf. De Souzenelle, Annick, *De l'Arbre de vie au schéma corporel*, Paris, Dangles, 1974.

3. Cf. Lacan, Jacques, *Écrits*, Paris, Seuil, 1960.

« Les bras, symboles des membres supérieurs par projection d'une partie sur le tout, assurent en premier lieu les fonctions préhistoriques d'attaque ou de défense. Il est question évidemment de la " lutte pour la vie " qui ne peut se contenter de la cueillette des fruits et légumes. Elle tourne vite à la chasse, au rapt et à la recherche du commandement... Car ces fonctions primitives prennent vite une dimension sociale dans l'organisation de la famille et de la tribu. »

Gérard Morin, La biologie du fantastique

CHAPITRE 15

LES BRAS : NOS LIENS, LIANT ET DÉLIANT...

Les bras sont nos premiers liens avec le monde. Le nourrisson appelle de ses bras l'objet qu'il cherche à toucher, parcourant avec eux l'espace, en longs demi-cercles concentriques. Ils sont le substitut de sa pensée, la manière appropriée de dire « viens », de dire « je veux ». Lorsque l'enfant grandit, son corps se discipline et les bras perdent leur fonction première en cessant de s'agiter dans l'espace.

Grâce à eux, nous tissons nos contacts. Les bras appellent l'autre et le retiennent. Ils préfigurent les désirs de liaison, deviennent le levier de notre instinct grégaire. L'homme exprime sa chaleur en « prenant dans ses bras ». En situation difficile, il lui arrive d'être « tiré » par un proche, qui lui a « tendu une main secourable ».

Dans l'action, l'être humain ne mobilise pas avec la même énergie chaque muscle. Certaines zones du bras sont vasodilatées pour faciliter l'action du bras. L'inhibition entraîne une microdémangeaison ; l'action inconsciente est empêchée, mais le synergologue a eu le temps de l'observer, car ce bras que l'on touche n'a pas du tout la même position selon que la main est surprise sur l'intérieur du bras ou sur sa face externe.

L'intérieur et l'extérieur du bras
traduisent deux rapports différents au monde

Entre la paume et le dos de la main, il existe le même rapport qu'entre la face et le dos de l'être humain.

La face interne, qui est sur le bras la face la plus tendre, traduit le désir de rapprochement, voire de fusion avec l'autre. Par contre, la face externe, l'extérieur du bras est la face de protection de l'être humain, celle qui lui permet de se défier des autres. N'oublions pas cela.

Sur le bras, la face interne traduit nos désirs fusionnels, désirs d'ouverture.

La face externe traduit notre besoin de protection, de défense.

Microcaresses et microdémangeaisons de la face interne : nos désirs de fusion

L'anatomie du bras exprime son mouvement, mais le concept bras désigne un peu vite, d'un seul vocable, les deux parties du bras, en l'occurrence l'avant-bras situé au contact de la main et le bras autour duquel se lie, entre autres muscles, le biceps. Observons la motricité de ces deux muscles.

L'intérieur des avant-bras
Trois gestes typiques sont observés.

Prends !
Regarde comme
c'est doux.

La microcaresse est une caresse passive empreinte de lascivité ; le mouvement de la volonté s'est affaibli. L'être humain est en situation de bien-être. Il est intéressé par ce que dit l'autre ou par ce qu'il est. Seule l'attention aux mots permettra de comprendre si l'interlocuteur est fasciné par son partenaire et éprouve le désir de le voir se rapprocher ou si ce mouvement est seulement prodigué à l'adresse de son discours. Les deux sont cependant très souvent liés.

La **microcaresse** prodiguée à l'un des bras par la main opposée remplace la caresse volontiers prodiguée à l'adresse de l'autre. L'être humain a besoin de caresses, de les donner, de les recevoir, et la microcaresse narcissique qu'il adresse à l'endroit de son propre corps est un ersatz du désir de la caresse de l'autre.

N'oublions pas en effet que les premiers mois fusionnels du nouveau-né avec sa mère conduisent à éprouver exactement ce que l'autre ressent, ce que nous appelons la capacité à l'empathie[1]. À travers la microcaresse prodiguée sur la face interne de l'avant-bras, c'est l'avant-bras de son interlocuteur(trice) que touche celui qui se microcaresse.

Ici, l'interlocuteur microcaresse son avant-bras comme la pomme qu'on lisse avant de la manger. Son corps devient ainsi désirable ; sa microcaresse est une offrande.

Il convient d'établir une distinction entre microcaresses et vasodilatations productrices de **microdémangeaisons** sous l'impact de réactions hormonales. Un muscle se vasodilate lorsque l'action est inhibée, c'est-à-dire lorsque l'homme ne peut pas agir et qu'il est arrêté dans son action.

Laisse-moi prendre !
J'ai envie de prendre
(ou de faire)
et je n'ose pas.

La disposition d'esprit n'est plus la même, même si le rapport à l'autre n'a pas évolué en soi. Le désir violent « d'aller vers » et de prendre s'est simplement traduit par une micro-démangeaison.

La microfixation se lit à une disposition d'esprit différente.

Calme-toi !
Il faut que
je me calme, je suis
trop énervé.

Observez les gens cardiaques : ils prennent ainsi leur avant-bras et c'est très souvent l'avant-bras gauche, pour lui intimer de se calmer ; même s'il est symptomatique d'une pathologie cardiaque, ce geste peut également être réalisé par un être humain en bonne santé. Il indique simplement le stress de la situation. L'être humain retient son avant-bras afin de se calmer et de ne pas aller trop vite ou trop « violemment vers... ».

L'intérieur du bras

Les micromouvements visibles de la main besogneuse surprise en pleine activité sur l'avant-bras se sont déplacés sur la face interne du bras. Les mêmes émotions se donnent à lire et elles ont acquis davantage de force. C'est d'ailleurs pour cette raison que ces gestes sont moins souvent repérables. Le désir déplace les mains sur cette zone. Observons.

**J'aime
ce que tu es !**
Tu me touches.

La microcaresse est une caresse lascive remontée au niveau du tronc de l'être humain, très proche de la zone délimitant son ego. Elle exprime un désir fusionnel intense.

Attention, observez le mouvement des paupières de votre interlocuteur lorsqu'il effectue ce geste. Si ses paupières battent, il y a de grandes chances qu'il ne soit pas en train de rêver et qu'il soit réellement avec vous. Par contre, si ses paupières sont fixes, c'est le signe qu'il est ailleurs et pense à autre chose.

Avec **la microdémangeaison,** le désir est plus violent, mais il est en même temps un peu différent. Le désir physique passe dans les jambes et le désir affectif sur la gorge. Il y a là un léger énervement. La personne veut prendre la situation en main, « embrasser » la situation. Et c'est précisément parce que ça ne « brasse » pas assez qu'elle voudrait hâter les choses.

**Laisse-moi me
saisir de la
situation !**
Il faut aller plus
vite.

L'attitude est plus nerveuse et, face à un désir empêché, à une aide impossible à accorder, la démangeaison ainsi théorisée exprime le désir empêché.

La différence entre l'intérieur du biceps et l'intérieur de l'avant-bras apparaît dans le fait que plus les mouvements se rapprochent de la zone du buste et de l'épaule, en remontant sur le corps, plus la situation a un caractère affectif marqué.

La microfixation du bras est le signe d'une grande émotivité, que l'interlocuteur cherche à masquer.

Contrôle-toi !
Calme-toi
(l'interlocuteur
se parle à lui-même).

Il tient son bras juste à côté de la zone du cœur et recherche une maîtrise parfaite de lui-même pour remédier au sentiment de stress.

Microcaresses et microdémangeaisons de la face externe : les défiances face à l'autre

Sur la face externe de son être, l'être humain se défend ; il s'est refermé comme le boxeur referme les bras sur son corps pour ne pas laisser de prise à l'agression de l'autre.

L'extérieur des avant-bras

Lorsque l'individu sur la défensive exprime qu'il a « encore froid dans le dos » à la suite d'un événement, l'observation de sa gestuelle traduit la microcaresse de son avant-bras sur sa face externe. Il semble réchauffer son avant-bras comme si, à cette occasion, il était devenu le substitut du dos. L'être effrayé peut ainsi désirer se protéger. Mais il nous montre aussi sans doute que la meilleure défense est l'attaque.

Protégeons-nous !
L'autre m'énerve.

L'être humain caresse son avant-bras sur la face externe comme s'il avait la « chair de poule », il est mal à l'aise et s'est replié sur lui. Il est un peu effrayé par la tournure que prennent les choses et il n'a aucune envie de s'engager. Le bas de son corps devrait traduire cette attitude.

Regardez le mouvement de sa tête lorsqu'il effectue ce geste ; si la tête de votre interlocuteur oblique sur sa droite, il a peur pour lui ; si elle penche sur sa gauche, il a peur pour vous. Il faut être perspicace, et fin synergologue, pour observer microcaresse et penchement de tête, corrélativement. Par contre, vous avez noté à son micromouvement du bras qu'il est inquiet et c'est là le principal.

La microfixation de l'avant-bras sur sa face externe traduit la peur, l'instabilité pour soi ou pour les autres. C'est la position qu'emprunte la mère lorsqu'elle laisse son enfant à l'école les jours de rentrée scolaire et qu'elle l'observe de loin avec ses camarades. La situation nouvelle produit de l'instabilité et elle se calme pour retrouver « le contact » avec son être.

Contrôle-toi !
Ne réagis pas et
ne l'agresse pas
trop violemment.

L'extérieur des bras

Sur la face des bras, la menace se précise, elle est plus angoissante. Elle était jusque-là circonscrite dans la zone des avant-bras, mais elle remonte jusque vers la zone de notre ego. Il convient de se protéger efficacement ou de répondre avec punch.

Fermons-nous !
Je me sens
agressé et je vais
devoir répondre.

Comme dans les gestes précédents, la forme du mouvement exprime la disposition de l'esprit. La microdémangeaison du bras exprime une angoisse plus forte que la microdémangeaison de l'avant-bras et, partant, la nécessité d'une fermeture plus grande.

Le biceps rayé sur sa face extérieure traduit le désir de frapper vite et fort. Il s'agit bien évidemment d'une frappe métaphorique, d'une frappe qui a de grandes chances d'être verbale. Votre interlocuteur est fortement agacé plutôt qu'ennuyé, il va répliquer ; vous pouvez en être sûr. Sa tête ne penche plus du tout vers sa gauche, il est devenu fermé. Vous l'avez vu, il convient donc de rasséréner la discussion.

Les poignets et les coudes
pour amplifier le changement ou y résister

Les coudes et les poignets sont des articulations où plusieurs os s'unissent les uns aux autres. Les articulations mettent de la souplesse dans notre corps, elles permettent le mouvement des os. Nos articulations sont les témoins de nos revendications en termes de souplesse, et c'est les mains posées sur leurs jointures que nos interlocuteurs donnent à lire leurs rigidités.

Les os sont durs, sans aucune élasticité, et leur mouvement n'est rendu possible que par la flexibilité des articulations. Les articulations, selon la face démangée, expriment leur résistance ou leur appel au changement.

Le poignet est distant du coude, directement rattaché à la main dont il est l'articulation la plus proche. Le poignet « empoigne » le quotidien et, microdémangé, révèle nos dispositions d'esprit. Sur le coude, plus proche du cerveau, le corps dans l'espace accélère ou rejette les grands changements d'orientation.

Les résistances au changement

Sur la face extérieure du coude, les résistances de l'être humain s'affirment. Dès qu'il se microdémange la face externe du bras, il montre par ce geste des résistances et gère sur cette partie du corps l'agressivité. L'être humain est ainsi conduit à fermer l'axe des bras, comme pour se refuser à l'autre.

Coudes et poignets deviennent complices sur leur face externe pour refuser le changement ; observons.

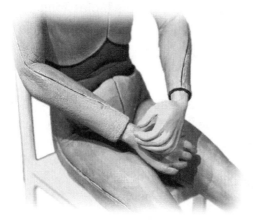

Je n'apprécie pas ce qu'on m'impose.
Je n'ai pas envie de faire ça.

Proche des mains, des « petites mains », l'être humain, sur la **face externe de ses poignets,** refuse la quotidienneté de ce qu'on voudrait lui faire faire. Son manque de souplesse lui pose problème et il n'a pas envie de réaliser des actions qui n'entrent pas dans l'ordre de ses attributions. Il n'ose cependant pas dire non, **mais il est mal à l'aise et se microdémange.** Un refus simple exprimé verbalement aurait invalidé l'origine de la démangeaison ; elle n'aurait pas eu de raison d'être.

Je n'approuve pas ce changement d'orientation.
J'aurais aimé avoir été consulté davantage.

Sur le coude, la face externe microdémangée exprime des changements d'orientation plus importants. Il ne s'agit donc plus de faire ou de ne pas faire au quotidien, mais de toutes ces situations dans lesquelles il va s'agir de se projeter. Le coude microdémangé exprime une résistance réelle au changement. Gestes intéressants à observer dans l'univers professionnel.

L'anticipation du changement

L'individu n'est pas toujours rebelle au changement et il peut éprouver au contraire le désir de l'amplifier, de lui donner toute sa réalité en « poussant à la roue » pour qu'il se réalise dans les plus brefs délais. Il peut rêver au changement, ce que nous montrent les deux gestes suivants.

**Je veux bien
m'occuper de ça.**
Laisse-moi faire.

La face interne du poignet exprime le désir de s'occuper du changement quotidien, de mettre la « main à la pâte » pour aider à ce que les choses aillent plus vite.

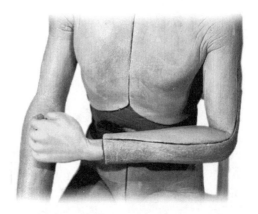

**Aidons à ce que
ça change !**
Hâtons le
changement.

Au creux du coude, l'homme se microdémange pour accélérer une orientation, un changement de direction. Ce geste recèle une grande positivité et honore celui qui l'effectue, car il n'est jamais évident d'anticiper sur l'habitude. N'oublions pas cependant qu'il s'agit bien là de microdémangeaisons et que l'être humain qui éprouve ainsi des picotements n'anticipe pas le changement parce que des blocages personnels l'en empêchent. À vous de sentir où se trouvent les blocages et la difficulté à anticiper pour aider votre partenaire à surmonter ses difficultés. Dites-vous également qu'il n'ose peut-être pas avancer plus vite, simplement parce qu'il craint de vous bousculer. Ce serait le comble, si c'est vous qui appelez le changement.

NOTES

1. Cette capacité à l'empathie est détaillée très justement dans Braconnier, Alain, *Le Sexe des émotions*, Paris, Odile Jacob, 1996. Et dans Goleman, Daniel, *L'Intelligence émotionnelle*, Paris, Robert Laffont, 1997.

« *Si le pape Sixte [...] a fait une bulle contre les chiromanciens, il ne faut pas croire que l'intention de ce grand personnage ait été d'excommunier les vrais et naturels chiromanciens ; autrement il faudrait croire que la même bulle excommunierait les médecins, qui ordinairement prennent beaucoup d'indices des maladies du corps par la main.* »

Della Porta, La physionomie humaine, *1655*

CHAPITRE 16

LES MAINS POUR PRENDRE ET DONNER

La main est un fidèle traducteur psychologique du comportement humain dont elle surligne la lecture. Elle se compose, comme le visage et le corps, d'une face interne représentative des désirs cachés et d'une face externe, face de protection, nécessaire pour se protéger de l'agression d'autrui. En soi, la paume et le poing ont donc des fonctions différentes, renvoyant à des représentations symboliques différentes. L'homme s'offre ou se refuse, s'ouvre ou se ferme. La main est le témoin actif de cette dualité fondamentale.

La paume et le poing

L'être humain, depuis les premiers âges de sa vie, possède le tréfonds de son être dans le creux d'une main dont la motricité traduit la construction du cerveau. Sa paume de main cache et révèle son intimité la plus secrète. L'homme ferme sa main lorsqu'il se ferme, ouvre sa main lorsqu'il s'ouvre, comme si sa main ouvrait et fermait son cœur, à larges battants, à l'expression de ses émotions. Dans sa paume fermée, l'homme promène ainsi sa timidité ou sa réserve. Le premier prélude amoureux, le plus touchant peut-être, consiste à se prendre la main. En soi, le geste recèle une grande banalité ; pourtant, les gens qui refusent le rapport amoureux refusent le don de cette main perdue dans la main de l'autre. Ils savent, sans apprentissage, toute l'intimité de deux paumes de mains qui se rencontrent et se caressent.

La paume de la main ouverte en direction de l'autre symbolise l'accueil. La main ouverte est une main sans armes, une main qui dit « je t'accueille », de culture en culture, depuis le geste latéral des Égyptiens, en passant par le grand geste emphatique des Américains, le petit geste discret des Anglais, le geste en direction du sol des Yéménites... Dans le creux de nos mains s'expriment nos désirs de « faire » réprimés.

Les microdémangeaisons de la paume : l'expression d'une timidité

L'être humain dont la paume se trouve démangée voudrait gérer davantage de choses ou se mettre davantage en avant et c'est parce qu'il ne parvient pas à imposer sa manière de faire que son « trop-plein » d'introversion se donne à lire dans la main microdémangée.

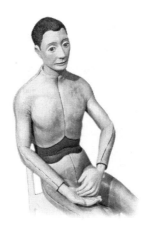

Je n'ose pas me mettre en avant. J'aimerais vous montrer ce que je peux faire, mais demandez-moi.

La personne timide ou réservée est heureuse de parler d'elle si on le lui demande, mais en même temps elle craint de se mettre en avant. Le décalage antagoniste entre le désir de faire et la crainte de se mettre en avant entraîne la microdémangeaison de la paume de la main.

La microdémangeaison de celui qui n'ose pas « prendre » la parole traduira son désir de la prendre, un désir refréné précisément parce qu'il est timide. L'être humain mal à l'aise gratte l'intérieur de sa paume de main. La main est d'ailleurs tout à coup moite lorsque, par exemple à un entretien d'embauche, l'être humain se demande s'il va pouvoir être à la hauteur de la situation. C'est la crainte de ne pas « pouvoir faire », particulièrement visible dans l'univers du travail, qui conduit à ce type de réaction. D'autres types de stress sont exprimés par la moiteur dans d'autres zones du corps, pieds ou aisselles notamment.

Les microdémangeaisons des doigts : le désir de faire réprimé

Celui qui se microdémange les doigts voudrait gérer davantage de choses. Il exprime son impatience envers les petits détails qu'il aimerait gérer lui-même et qu'il voit d'autres personnes gérer à sa place.

Je voudrais pouvoir gérer davantage de choses.
Laissez-moi ordonner les choses autour de moi.

Son état d'être ressemble à celui de la personne précédente. Il exprime le même ordre de frustration, celui d'une incapacité à gérer la situation. Il peut également, par une microdémangeaison des doigts, exprimer une frustration parce que les choses qu'il voudrait pouvoir gérer lui échappent.
Dans la microdémangeaison du bout des doigts, le facteur-temps est primordial. C'est l'urgence de la situation qui anime les microdémangeaisons du bout des doigts.

Le dos d'une main énervée

Avec le dos de sa main, l'homme se referme et fait de cette main un écran de protection. Le dos de la main est osseux ; les phalanges sont saillantes. La sensibilité est beaucoup plus grossière sur cette partie de la main.

Le poing gratté : l'expression de la colère réprimée

Le sang afflue vers les mains dans les moments de colère. Ce réflexe physiologique date sans doute d'un temps où il était nécessaire à l'individu de se replier prestement sur lui pour combattre. Ce phénomène consécutif à la sécrétion massive d'hormones permet de trouver l'énergie nécessaire pour exercer une action vigoureuse.

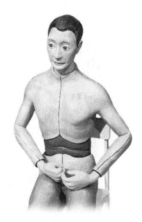

Tu m'énerves.
Fiche-moi la paix.

Le poing est une arme lorsqu'il frappe avec les phalanges. Ici, elles sont rendues réceptives à l'afflux de sang par la volonté agressive. Inconsciemment entrées en action, elles sont en train de vous frapper. Évidemment, il s'agit d'une frappe métaphorique et c'est avec le discours que notre interlocuteur « frappe » notre imagination des mots qu'il « martèle ».

La microdémangeaison du dos de la main

L'être humain exprime (ou plutôt n'exprime pas, c'est d'ailleurs la cause de la démangeaison) sa frustration d'être exclu d'une action qui lui appartenait ou tout au moins le regardait : il se microdémange le dos de la main.

La personne qui prononce un « faites voir ! » catégorique, significatif de sa volonté, ne se gratte pas. Se microdémange celui qui ne s'exprime pas significativement et avec assez de vigueur ; celui qui n'arrive pas à se « saisir » des choses ou à « prendre » la situation à son compte.

La personne qui n'acquiert pas les moyens de gérer sa tension se trouve dans une situation d'inhibition de l'action[1] et se **microdémange le dos de la main** pour réguler une volonté qui implose à l'intérieur d'elle.

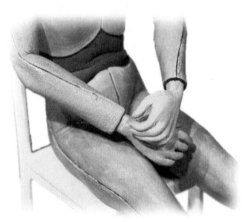

Je suis frustré d'être exclu de ça. Vous auriez dû me laisser faire.

Cette colère exprimée dans la main qui se ferme se donne à lire dans toutes les circonstances dans lesquelles l'être humain s'est trouvé remis en question dans la charge ou la fonction qu'il exerçait. Sa colère monte sur le dos de ses mains. Il se sent dépossédé de quelque chose et exprime son amertume par des microdémangeaisons.

Les microdémangeaisons des phalanges
ou nos dépossessions d'actions quotidiennes

L'être humain exprime sa frustration lorsqu'il s'estime exclu d'une action quotidienne qu'il aurait voulu gérer lui-même. Il démange le bout de ses doigts.

Vous êtes chez votre assureur ; il vous parle d'un contrat intéressant. Ce contrat est sous ses yeux, mais il ne vous le montre pas et préfère, sans cesser d'échanger, le replacer dans une chemise plastique. Vous auriez voulu prendre ce document et le regarder pour identifier son contenu. Arrêtée dans sa démarche, votre main picote sur la face externe de ses doigts.

J'aurais voulu gérer ça moi-même. C'était une tâche quotidienne qui m'appartenait.

Les microdémangeaisons des paumes de mains naissent toujours de situations positives mal assumées (les situations où la réserve nous retient) et les microdémangeaisons du dos de la main, de situations négatives mal assumées (lorsque nous nous sentons lésés d'actions qui nous regardaient).
Votre interlocuteur se démange la paume de la main ; soyez certain que vous êtes face à une personne timide, incapable d'aller jusqu'au bout de ses choix, de les assumer clairement.
La personne qui, de son côté, se promène constamment **les doigts sur la face du poing** est une personne impulsive qui voudrait gérer davantage son univers.

Mais encore une fois, les gestes sont signifiants au moment où ils sont effectués et il importe de ne pas trop « psychologiser » en cherchant absolument les traits de caractère de notre interlocuteur derrière chacun de ces gestes, parce qu'alors, immanquablement, nous ferions tomber le voile sur la vérité.

Il existe enfin une microcaresse des mains. Entre celui qui est exclu des actions et celui qui voudrait s'en saisir, il reste de la place pour l'être humain qui précisément cherche sa place. Celui qui « se lave les mains » et met tant d'insistance à nous montrer son bien-être qu'il ne fait que trahir autre chose : son mal-être.

La microcaresse des « mains lavées »
de celui qui cherche sa place

La microcaresse dite « les mains lavées » est appelée ainsi parce qu'elle rappelle avec précision les mains lavées, même si l'eau et le savon ont disparu à l'occasion de cette microcaresse.

**Regardez comme
je suis à l'aise.**
Eh bien, oui, je
suis mal à l'aise, et
alors ?

Ce geste entre dans la catégorie des gestes ou attitudes « pléo-nastiques ». Ce sont des gestes « grossiers » expressifs du bien-être. Leur trop grande exubérance traduit simplement leur manque de naturel et, partant, leur manque de vraisemblance. L'individu « mains lavées » et sourire au coin des lèvres cherche trop à traduire son bien-être pour que ce bien-être soit très profond. Il traduit par ce geste le contre-pied de son attitude, c'est-à-dire son mal-être. Les mains lavées sont visibles, par exemple, lorsqu'une personne entre dans un cercle où les gens sont en station debout et qu'ils échangent. Elle cherche sa place dans le cercle formé.

Les « mains lavées » sont intéressantes à observer à une autre occasion, celle où notre interlocuteur, l'air affable, nous accueille. Il se « lave les mains » avant de prendre la parole et, derrière sa sympathie de façade, se prépare à nous asséner une décision désagréable. Méfions-nous de l'air dégagé présent derrière les « mains lavées ».

Derrière les codes, les Hommes

Les mains sont encore révélatrices de nos comportements à l'occasion de situations codées comme le croisement de bras ou la poignée de mains. Ces situations codées ont été apprises. A priori, elles ne semblent donc pas intéresser la synergologie qui travaille, elle, sur le « naturel[2] », mais le « naturel » chassé revient toujours « au galop ».

Le rôle des mains dans le croisement de bras

Il semblait difficile de parler des mains sans évoquer leur importance dans le croisement de bras.
D'autant que les indicateurs les plus importants sont souvent relevés grâce aux mains.
Avec ses croisements de bras, l'être humain traduit trois dispositions d'esprit : le stress, le bien-être et la force.

Le croisement de bras est d'abord un geste appris, significatif de la soumission à l'autorité et du respect de la discipline.

L'école apprend le croisement de bras aux enfants pour leur signifier le respect des codes essentiels de l'attention.

En soi, les croisements de bras traduisent une certaine réserve ou fermeture, mais les positions de mains permettent d'affiner, voire d'infirmer cette croyance. Certains croisements de bras sont en effet non pas des croisements de fermeture mais bien au contraire des croisements d'affirmation.

Ici, deux positions de mains significatives, traduites par deux croisements de bras, expriment deux dispositions d'esprit différentes.

Je suis stressé.
Je suis énervé.

L'être humain est stressé. **Ses mains ont disparu sous ses aisselles,** et elles sont, soyez-en certain, fermées. Le poing fermé se cache, protégé par les bras.

Je suis sûr de moi.
Je suis là et bien présent.

Au contraire, le deuxième croisement de bras traduit davantage de positivité. **Les pouces sont restés à l'extérieur des bras.** Ils sont levés. Notre interlocuteur est « OK ». De multiples croisements de bras existent encore et se donnent à lire[3]. Il est primordial, pour arriver à trouver la signification de chacun d'entre eux, de mesurer :

- le degré de détente de la main;
- sa position ouverte ou fermée;
- la situation visible ou cachée de la main.

Car n'oublions pas, comme le suggérait Emmanuel Kant, que : « La main est la partie visible du cerveau ».

La poignée de main

À l'origine de la poignée de main et avant elle, pourrions-nous dire, les hommes saluaient leurs interlocuteurs avant-bras contre avant-bras en se prenant les coudes. Puis, la poignée de main a signifié l'acceptation du contrat. Les hommes s'engageaient ensemble dans un même projet, en se serrant la main. La poignée de main remplaçait alors le paraphe au bas d'un contrat dans une société où l'écriture ne s'était pas encore généralisée. La poignée de main est encore aujourd'hui le signe de reconnaissance rituel de certains groupes ethniques ou philosophiques qui, grâce à elle, échangent des informations sur leur identité. Malgré ces quelques exemples, elle a perdu peu à peu sa signification contractuelle. Sa généralisation lui a fait perdre son aspect rituel et elle n'est plus guère utilisée comme signe de reconnaissance.

La poignée de main n'était pas universelle et, dans le monde occidental même, elle ne s'est pas généralisée partout avec la même rigueur. Les Britanniques, par exemple, se serrent très peu la main et préfèrent substituer à ce rituel un « *hey* » de convenance rappelant de loin le salut militaire, l'index au niveau du cuir chevelu. L'attribut masculin de la poignée de main se diffuse dans les milieux féminins à la vitesse de l'accès des femmes à des postes de responsabilité professionnelle.

Si la poignée de main, comme il est dit très souvent, reflète l'état de nos forces et de notre psychisme, alors les mains moites seront le signe d'une mauvaise santé et d'une grande émotivité, les mains sèches et rugueuses d'un tempérament nerveux et explosif, les mains rouges seront les mains des colériques et les mains pâles et molles, les attributs de caractères peu aptes à la prise de décisions. Mais nous sortons là du cadre de la synergologie, et il faudra vous initier à la chirologie pour plus de précision[4].

Paradoxalement, il n'est plus très fiable de former son jugement sur le seul caractère de la pression de la poignée de main. Le savoir populaire a assimilé complètement le rôle et la valeur d'une poignée de main ferme. Elle n'est donc plus le privilège unique des personnes droites et fermes. Elle indique simplement que les gens connaissent ce code de bonne conduite.

La position générale du corps et de la tête, lorsque les êtres humains se serrent la main, est bien aussi importante que la poignée de main elle-même. Divers auteurs montrent, preuves à l'appui, que les distances traduisent le mode de relation que nous entretenons les uns avec les autres. Les gens qui s'apprécient vont avoir tendance à se tenir plus près les uns des autres[5].

Si la poignée de main est donnée bras raide et largement tendu, le partenaire de l'échange traduit par cette attitude qu'il ne nous apprécie guère. Cette règle se marque d'une exception : votre interlocuteur se tient légèrement voûté pour vous serrer la main. À cet instant, son attitude traduit clairement le fait que vous l'impressionnez.

Les « bonnes » poignées de main, propres aux gens « ouverts », partent toujours du haut. La poignée de main est alors proposée comme une offrande. **L'être humain offre une poignée de main qui « part du cœur »** et que l'autre reçoit comme telle.

Je t'apprécie.
Notre qualité
d'échange le montre.

Les poignées de main assénées, la main partie « au-dessous de la ceinture », sont très souvent la marque de gens veules ou malhonnêtes. Leur poignée de main est arrivée dans notre main, dissimulée.

Je ne t'apprécie pas.
Tu t'en rendras
compte un jour.

Il y a autant de poignées de main qu'il y a d'individus, mais la poignée de main reste une traductrice du rapport humain.

En situation de serrement de main, les êtres humains sont proches et ils se touchent. Leur rapport les uns aux autres est donc, à ce moment précis, tout sauf innocent.

Positions du corps et serrements de main

Le serrement de main au moment où les êtres humains se quittent est encore plus révélateur de leur disposition d'esprit du moment que la poignée de main de bienvenue, souvent beaucoup plus réservée. Au moment du départ, la chaleur ou la froideur du rapport humain est tout entière concentrée dans la poignée de main interruptrice de l'échange.

C'est toujours l'initiateur du mouvement qui instruit le mode de communication non verbale au moment du départ.

L'axe de la tête de l'interlocuteur qui serre la main, s'il a pris l'initiative de la poignée de main et s'il vous apprécie, partira sur sa gauche (votre droite).

Je suis heureux de vous avoir rencontré.
Sincèrement.

En revanche, si votre interlocuteur ne vous apprécie pas, **l'axe de sa tête sera inverse et balancera sur sa droite** (votre gauche) parce qu'il est mal à l'aise. Il marquera ainsi sa rigidité.

Très heureux de ne jamais vous revoir, mais laissez-moi vous sourire.

La situation est toute différente si c'est vous qui êtes à l'initiative de la poignée de main. **La tête de votre interlocuteur,** s'il vous apprécie, sera **mimétique à la vôtre.** C'est-à-dire qu'elle sera exactement parallèle à la vôtre. S'il ne vous apprécie pas, elle se rigidifiera, en partant très légèrement à droite (votre gauche).

Dans les rapports d'autorité à autorité, **la tête part d'avant en arrière.** Les premiers entretiens dans l'univers professionnel traduisent cette situation. Mais dès que les gens ont brisé la glace du premier contact, ce mouvement de tête vertical disparaît.

Notre rapport est un rapport sérieux. Nous avons ensemble des relations d'autorité.

Le mouvement sagittal persiste entre deux interlocuteurs à deux occasions :

- lorsqu'il répond à votre « coup de tête » par le même penchement sagittal de la tête ;
- votre interlocuteur ne vous apprécie pas et vous décoche ce « coup de tête » lorsqu'il vous serre la main au moment de vous quitter.

Les poignées de main sagittales sont, quoi qu'il en soit, souvent un peu trop sérieuses pour être de très bon augure.

NOTES

1. Henri Laborit étudie toutes les productions comportementales nées de l'inhibition de l'action. Cf. Laborit, Henri, *Éloge de la fuite*, Paris, Gallimard, Coll. « Folio Essais », 1985.

2. Pour nous, le « naturel » n'existe pas. Ce sont les situations qui modèlent le comportement et, selon les situations, l'être humain, de façon tout à fait inconsciente, entre dans un rôle particulier.

3. Cf. Messinger, John, *Les Gestes de séduction, op. cit.* Dans cet ouvrage, de nombreux croisements de bras sont passés au crible. Il nous semble toutefois que la règle de cérébralité du cerveau mise très en avant empêche les auteurs de sentir toute l'importance de la situation géographique de l'interlocuteur lors des positions de croisement. Elle oblitère au sens de mon équipe et de moi-même une partie de l'analyse.

4. Kieffer, Daniel, *Guide personnel des bilans de santé*, Paris, Jacques Grancher, 1998.

5. Cf. Hall, Edward, *La Dimension cachée, op. cit.*

« *Ce sont les comportements que nous apprenons au cours des apprentissages de base : propreté, marche, alimentation, sous-tendues par des structures neurologiques qui seront en plein développement. Ces acquisitions formeront une personnalité, notre style, notre silhouette, notre aisance ou notre maladresse.*

La plupart du temps à notre insu, ces comportements et attitudes renseignent les autres sur les aspects de notre personne.

La motricité globale, celle de l'axe corporel et des grands segments (tronc, jambes), est le siège de ces signes corporels. D'une culture à l'autre, de la cour d'Espagne aux tribus d'Amérique du Sud, les chefs comme le roi se signalaient par un port de tête, une mesure dans les gestes, un redressement majestueux. Le corps donne à lire, met en scène, aussi bien la personnalité que le milieu dans lequel elle s'est éduquée. »

Jean-Claude Coste, La Psychomotricité

CHAPITRE 17

LES JAMBES ENTRE LA FUITE ET LE RAPPROCHEMENT

Bébé fait un cadeau à maman. Il lui offre son pied et, sous les yeux de sa mère attendrie, cherche à arracher sa jambe en guise d'offrande. Il faudra à bébé un certain temps avant de prendre conscience du rattachement des jambes à son propre corps. Peu à peu, il assimile pourtant le rôle des pieds et la fonction des membres inférieurs dans la réalité du déplacement. Il est sur le point de découvrir que les jambes servent à fuir ou à se rapprocher. L'enfant est mûr pour microdémanger le bas de son corps. Face à ses désirs, il sent ses premières « fourmis dans les jambes » !

Les jambes, comme le reste du corps, existent avec leur face antérieure et leur face postérieure. L'homme s'avance ou s'enfuit en actionnant mollets et cuisses. Mais il reste toutes ces occasions manquées. Ces occasions au cours desquelles l'homme voulait avancer vers l'autre, mais n'a pas osé déranger les conventions ; toutes ces occasions au cours desquelles il aurait bien « tiré sa révérence » et où il est resté poliment assis. Seul un regard averti aurait pu alors déceler une main nerveuse microdémangeant la face postérieure de sa cuisse. Ces désirs criaient sans bruit sur le corps inhibé.

Les cuisses et les mollets

Les cuisses et les mollets, sur la face antérieure, expriment nos désirs d'aller de l'avant. L'être humain voudrait aller plus vite, avancer plus vite. Impuissant, il a le sentiment de perdre son temps. Le cerveau transmet au corps cette passivité refoulée, sous la forme de réactions hormonales exprimées sur le bas de son corps. Ses jambes se trouvent tout à coup microdémangées. Une volonté irrépressible « d'aller vers » est traduite dans chaque démangeaison subreptice ou rageuse.

La cuisse est distinguée du mollet, simplement parce que la disposition d'esprit n'est pas la même ; mais analysons un peu la situation.

Les cuisses et les mollets positifs

La cuisse est plus proche que le mollet de la zone du tronc de l'ego. Microdémangée, elle traduit nos désirs d'aller vers l'autre, ou d'aller vers un objectif.

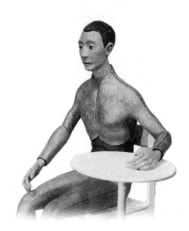

J'ai envie d'aller vers.
Je désire aller vers.

Vous entendez au cours d'une conversation parler d'une magnifique exposition Botticelli, visible à moins de dix minutes de chez vous ; vous vous dites que vous iriez bien voir les tableaux dont on vous parle. Il n'y a rien d'urgent à cela, mais vous vivez la situation sur le mode du déplacement et vous pouvez alors microdémanger votre cuisse sur sa face antérieure.

Cette microdémangeaison, si elle n'est pas nourrie par un besoin organique, peut traduire un désir sensuel ; désir vécu sur le mode de la répression, car il est visible à des microdémangeaisons.

Sur la face antérieure du mollet, l'être humain se démange et les choses deviennent plus pressantes. **Le mollet se gonfle de sang, prêt à l'action.** L'être humain a violemment envie d'intervenir.

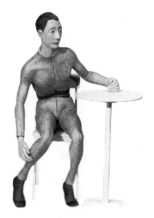

Allons-y vite !
Dépêchons-nous.

Beaucoup de positivité et d'impulsion sont présents dans ce geste. En situation de négociation professionnelle, par exemple, si votre interlocuteur assis en face de vous effectue ce geste, il est prêt à « foncer » avec vous.

Avec la microdémangeaison, le désir est vécu sur le mode de la répression, de l'interdiction. Le désir sensuel s'exprime, lui, sous la forme de microcaresses.

Un autre geste subreptice plus spécifiquement féminin exprime la sensualité. L'être humain **se microcaresse de manière rapide et subreptice la zone médiane entre la cuisse et le bas d'une de ses fesses.** Elle souligne l'axe de son désir. Un désir de sensualité brûlant.

Ce geste se distingue du précédent, car le désir est là à l'état brut, mais la personne ne s'est pas projetée dans une relation active. Elle est femme et elle désire. Dont acte !

Je te désire.
Désir physique.

Ce geste discret est plus particulièrement visible dans les situations de déplacement. L'homme et la femme se croisent dans la rue. Ils avancent l'un vers l'autre et leurs regards se découvrent, leurs regards les découvrent. Ce geste féminin inconscient est rapide, mais il est en même temps clairement perceptible pour un œil observateur.

Dans ce geste, l'homme plaît à la femme, certes ; mais le regard sexué du mâle a en même temps ramené la femme en direction de son corps de femme-femelle. Et c'est une des zones érogènes de ce corps de femme-femelle qu'elle touche par ce geste.

Les cuisses et les mollets qui se sauvent

Avec ses cuisses et ses mollets, l'être humain s'approche mais il peut de la même manière se sauver pour échapper aux situations ou aux individus qui le dérangent. **L'être humain** en situation de mal-être **se microdémange** alors **l'arrière des cuisses** ou des mollets. Avec, là encore, des dispositions d'esprit différentes selon la zone particulière de démangeaison.

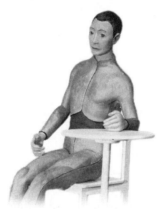

Sauvons-nous !
Il faut partir.

L'être humain mal à l'aise cherche à fausser compagnie à des proches qu'il lui tarde de quitter. La vasodilatation irrigue les muscles de sa cuisse. La démangeaison se produit pour répondre inconsciemment à l'impossibilité d'échapper à son interlocuteur. C'est l'illégitimité du départ, la difficulté de s'échapper, qui est génératrice de l'excitation recensée à la microdémangeaison.

L'urgence de la situation déplace la zone des microdémangeaisons sur la boussole du corps. L'être humain pense par exemple qu'il lui faut quitter ses amis pour aller acheter le pain du dîner. Une pensée subreptice l'a traversé. Subrepticement, il s'est microdémangé l'arrière de la cuisse. Si, par contre, silencieux, face à ces mêmes amis, il se dit tout à coup que dans cinq minutes la boulangerie sera fermée, la situation devient pressante, urgente et ce sont ses mollets qui se trouveront alors microdémangés.

Avec les mollets, la fuite est plus urgente. **Les mollets sont gonflés du sang du départ,** comme dans des temps immémoriaux le mollet se gonflait de sang pour aider « les premiers hommes » à fuir, à une époque où la fluidité du sang était facteur majeur d'une survie essentiellement vécue sur le mode physique.

Sauvons-nous vite !
Il faut aller vite.

Aujourd'hui, dans nos sociétés occidentales, nous « mourons » de peur sans mourir vraiment. La fuite physique n'est plus que rarement le sauf-conduit de notre intégrité physique, alors que certains de nos ancêtres mouraient pour n'avoir pas fui assez vite les dangers naturels. Nos fuites sont aujourd'hui davantage métaphoriques. Ce sont des fuites dans l'art, les loisirs, la boisson...

En situation professionnelle, le désir de fuite pousse les hommes à remonter leurs chaussettes à la fin de longs entretiens, lorsque la discussion s'éternise. La main sur les chaussettes tirées, ils expriment ainsi le désir de vaquer à d'autres occupations.
Le geste qui veut que l'être humain passe d'une fesse sur l'autre lorsqu'il est mal à l'aise ne signifie pas autre chose que le désir de fuite.

Les jambes rigides et les jambes flexibles

L'homme va de l'avant ou recule, va vers l'autre ou se sauve grâce aux micromouvements de ses jambes, mais il nous dit également qu'il a envie du petit grain de sel qui manque à sa vie, comme, en sens inverse, il traduit sur son corps sa résistance au changement.

Les genoux et les chevilles mobiles ou le grain de sel de la vie

L'individu, face à la nouveauté, hésite. Il a du mal à se projeter, parce qu'il se demande s'il va arriver à faire face à l'inconnu. La nouveauté fait peur et il est rare que les individus se jettent à corps perdu dans l'inconnu. Cette hésitation se lit à une **microdémangeaison derrière le mollet.**

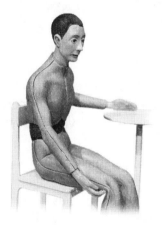

Dois-je le suivre ?
J'ai envie,
mais je n'ose pas.

On vous propose de vous engager dans une nouvelle aventure. Vous, vous hésitez. Vous avez plutôt besoin d'être sécurisé. La rotule qui donne sa flexibilité au genou permet l'orientation dans le sens de l'extension. Rien d'original à ce que la microdémangeaison soit produite à son niveau lorsque trop de flexibilité est demandée à l'être humain.

Je me souviens d'avoir fait une proposition commerciale à une de mes connaissances ; il se microdémangeait la rotule en me parlant et me montra par ce geste qu'il n'était pas prêt à remettre en cause la stabilité de sa situation, même s'il en avait très envie.

Avec la cheville par rapport au genou, il existe le même rapport que de la cuisse au mollet. La cheville démange lorsque la quotidienneté des choses est remise en question.

**Oserai-je
faire le pas ?**
J'en ai
très envie.

L'être humain est à la recherche du grain de sel du changement d'orientation avec ses répercussions sur la quotidienneté des choses, mais il hésite encore. Poussez-le, si vous croyez à la nécessité de ce changement.
Il ne demande qu'une chose : être convaincu.

Les êtres humains ne désirent cependant pas toujours le grain de sel dont ils parlent et qu'ils revendiquent. Il leur arrive souvent de refuser la nouveauté, l'idée nouvelle ou le bouleversement de leurs habitudes. Leur rigidité se lit au niveau de leurs articulations, et elles se trouvent **microdémangées sur leur face antérieure, devant le genou et derrière la cheville.**

Les genoux et les chevilles rigides
ou les grains de sable contrariants

**Je ne désire
pas changer.**
Je ne suis pas prêt
à tant
de changement.

L'être humain se **microdémange la face externe du genou** sur une articulation porteuse de flexibilité, simplement parce qu'il n'est pas prêt à changer. Il se rigidifie. Il n'est pas, pour l'instant, prêt à voir différemment les situations qu'il vit.

Le dos de la cheville, **au niveau de la malléole externe,** est microdémangé chaque fois que, par rapport à la *quotidienneté* de ce qu'il vit, l'être humain n'est pas prêt à changer.

**Je ne suis
pas prêt à autant
de flexibilité.**
On me demande
trop de flexibilité.

Par ce geste, il ramène sa jambe vers l'intérieur de son corps et se ferme à l'autre.

Quand on observe ces deux derniers gestes négatifs avec lesquels l'être humain montre qu'il s'enferre dans la rigidité, il est nécessaire de se dire que l'homme a parfois « tort d'avoir raison trop tôt » ou, pour reprendre les mots du poète, qu'il « faut laisser du temps au temps » (Arthur Rimbaud). Rien ne dit en effet qu'un jour votre partenaire ne reviendra pas vers vous avec votre idée qu'il aura alors fait sienne. Rien ne dit même que ce jour-là, il se souvienne encore de son refus véhément. Alors, Inch Allah !

De manière générale, les êtres humains qui se microdémangent périodiquement et plus que d'autres parties du corps les articulations sont des individus rigides.

Les pieds pour s'installer ou se sauver

Les pieds, sur le plan mythique, expriment le fondement de l'homme. On « casse les pieds » à l'homme qui en a assez. Comme Œdipe dont le nom signifie « pied gonflé », parce qu'un jour son pied a été écrasé par le char de Laïos, son père.
Avez-vous remarqué comme il est désagréable de se faire « marcher sur les pieds », bien entendu d'abord parce que la douleur peut être vive, mais sans doute plus encore parce que celui qui se fait marcher sur les pieds a le sentiment inconscient d'être nié dans sa réalité même ? Les Hommes se divisent ainsi entre les carpettes qu'on « foule aux pieds » et ceux qui ne se laissent pas « marcher sur les pieds ».

D'ailleurs, si l'être humain se « lave les mains » pour se débarrasser de l'impureté des situations dont il ne veut rien savoir, dans la Bible, le Christ lave les pieds de ses apôtres pour guérir l'humanité de ses plaies. Dans le même sens, Moïse recevra l'ordre d'enlever ses chaussures dans le buisson ardent pour rester en contact avec la terre nourricière. Le symbole est toujours vivace : le psychologue spécialiste du recrutement regarde nos chaussures comme les signes potentiels de nos valeurs morales ; tandis que la symbolique des rêves relève en elles la marque de l'érotisme. L'homme exprime jusqu'à son esprit dans ses pieds ; n'en déplaise à celui qui nous montre bien là qu'il est « bête comme ses pieds ».

L'être humain qui en a « plein les bottes » en a peut-être assez du « bruit des bottes » et de l'ordre en kaki. À moins qu'il soit le prince charmant de Cendrillon, lassé de ne pas trouver le pied de la « pantoufle de vair », là où le plus petit pied représente également la plus belle âme. « Le talon d'Achille » révèle les faiblesses de l'homme. Les « pieds noirs » ont de leur côté marqué de leur « empreinte » le sol algérien. Les amoureux « prennent leur pied », ils « font la botte ». Les politologues de leur côté parlent du « vote avec les pieds » pour exprimer le fait que les électeurs désertent les bureaux de vote.

Les pieds sont ainsi loin d'être exempts du monde des métaphores, mais c'est essentiellement parce qu'ils expriment une vérité. Ils sont l'expression de la volonté pour l'être humain d'être là où il est, ou à l'inverse de sa crainte face au peu d'avancement dans la vie. La sudation ou transpiration des pieds n'est d'ailleurs pas de la même nature que la transpiration des mains. Elle exprime le sentiment pour l'être humain de n'être pas à sa place ou de ne rien avoir à faire là où il est.

La face interne des pieds agiles

L'homme se microdémange les pieds lorsqu'il cherche à hâter un changement. Mais ce changement n'est pas, comme avec la cuisse et le mollet, lié à un déplacement spatial. Ici, les choses sont davantage d'ordre affectif. Dans l'expression « je n'ai plus rien à faire ici », c'est toujours moins le lieu qui est incriminé que les événements qui s'y sont déroulés. Votre ami(e) vous demande de vous engager avec lui (elle) plus sérieusement sur le chemin de la vie. Vous en avez envie, mais vous ne savez pas si vous avez les épaules assez larges pour y parvenir et vous vous trouvez dans une situation dans laquelle votre indécision appelle une **microdémangeaison de la face interne du pied.**

**J'ai envie de
m'engager, mais
suis-je assez solide**
pour y aller ?

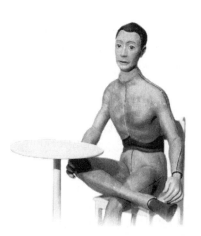

La personne qui n'est plus assez solide vacille, comme vacillent ou semblent flotter les êtres humains qui ont perdu depuis peu des personnes chères. Celui qui hésite en montagne n'a pas le « pied montagnard » et celui qui est malade en mer n'a pas le « pied marin ».
Les microdémangeaisons expriment l'ambivalence des difficultés à être, concomitantes au désir d'être.

La plante des pieds qui tournent en rond

Le dessous des pieds transpire lorsque l'être humain n'est pas à sa place. Il a l'impression de ne pas avancer, de tourner en rond.

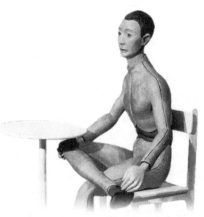

**Qu'est-ce que je
fais là ? Je
n'avance pas d'un
pouce.**
Il faut sortir de
cette situation.

Cet être humain n'a pas l'impression de mettre « les pieds dans le plat ». Bien au contraire, il a plutôt le sentiment qu'à force d'avoir « les pieds en éventail », il est en train de passer à côté de sa vie.

La même réaction hormonale face au mal-être qui produit la réalité des pieds moites produit une microdémangeaison sous la voûte plantaire.

Si cette microdémangeaison devient chronique, si les pieds sont toujours moites, il convient de changer la situation dans laquelle l'être humain se trouve pour « sortir » de l'ornière.

Les jambes en station arrêtée : l'expression de nos ouvertures et de nos craintes

Les jambes servent au déplacement et c'est leur fonction principale, serions-nous même tentés de dire un peu hâtivement. Mais ce serait aller un peu vite en besogne et oublier qu'elles sont l'instrument qui permet d'abord de tenir en station debout. Le système neuro-endocrinien a une mission importante dans ce processus. Grâce aux messages qu'il envoie au corps, les jambes ne seront pas molles, mais au contraire posséderont à la fois la rigidité et la souplesse nécessaires à la station debout et au déplacement. Mais les messages envoyés par le cerveau sont bien plus globaux encore ; nos humeurs, pulsions, émotions et sentiments passent également dans notre corps et nos jambes.

Les micromouvements des jambes en station debout

Le bassin de l'homme et celui de la femme ont des configurations différentes ; la démarche de l'homme et celle de la femme ont de ce fait des constantes différentes. De fait, leurs démarches sont distinctes. L'homme a le pied supinateur, la femme le pied pronateur, ce qui signifie que l'homme use ses chaussures plutôt sur l'extérieur, alors que la femme use l'intérieur des siennes. Il y a évidemment de nombreuses exceptions à ce principe bien connu des marchands de chaussures, mais en même temps nous tenons là une des différences majeures entre la démarche masculine et la démarche féminine.

Debout l'un en face de l'autre, l'homme et la femme traduisent l'attirance différemment. Cette différence est vraisemblablement culturelle. Le bassin masculin trahit davantage de liberté, sans doute parce que les codes vestimentaires féminins, avec robe, jupe ou tailleur, laissant potentiellement « nu » l'entrejambe, obligent la femme à une plus grande rigueur corporelle. Partant de ces présupposés, l'attirance physique envers l'autre sexe se trouvera exprimée de façon différente.

Je te désire.
Je suis un homme.

L'homme se plante face à la femme, les jambes à sa hauteur. Il peut même mettre les mains dans les poches afin de hâter de façon inconsciente l'ouverture vers l'autre, **le bassin étant attiré vers l'avant.**

Je m'ouvre à toi.
Je suis une femme.

La femme au contraire avance vers l'homme avec **l'angle des pieds ouvert.**

L'angle des pieds

L'angle des pieds est comme l'aiguille d'une boussole qui indiquerait le nord de nos attirances affectives.
L'homme indique l'axe de ses désirs avec le bout de son pied.

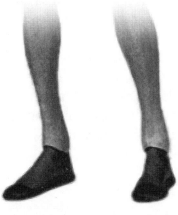

J'ai envie d'échanger.
Vous m'intéressez.

En situation d'échange avec plusieurs personnes, **la pointe de sa chaussure exprime le désir masculin** d'échange. L'homme désire échanger avec l'être qui se trouve dans la direction de la pointe de sa chaussure.
L'axe des pieds féminins est plus souple ; et plutôt que la pointe du pied, c'est la **direction de la malléole** qui indique l'axe de son désir.

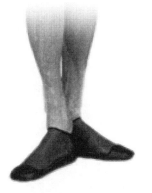

Je m'ouvre vraiment à vous.
Vous m'intéressez.

Les chevilles de la femme sont moins rigides que celles de l'homme, non pas que les femmes soient plus souples que les hommes, mais l'implémentation de leur musculature laisse davantage de latitude à l'expression de leurs chevilles. La face antérieure de la malléole exprime le bien-être de la femme qui regarde.

L'homme, sur le bas de son corps, effectue un geste propre à la gent masculine. Il frappe le sol avec le bout de sa chaussure.

L'être humain en station debout montre, par cette attitude, qu'il méprise son partenaire d'échange. Il met dans le sol le pied qu'il aurait bien mis dans les fesses de l'autre. En fait, là encore, le complexe d'infériorité s'est mué en complexe de supériorité. L'être humain méprise celui qui l'impressionne, comme si l'autre avait eu une chance qu'il n'a pas, lui.

« *Nous sommes lents à croire les choses qui nous font mal à croire.* »

Ovide

CHAPITRE 18

LA POSITION ASSISE ENTRE REPLI ET OUVERTURE

L'observation des jambes et des pieds en position assise recèle un intérêt majeur. Elle est souvent traductrice de ces situations dans lesquelles l'autre s'est coupé de nous sans que nous sachions exactement pourquoi. Dans tous les manuels de savoir-être et les manuels « spécialisés » dans la traduction du langage corporel, les jambes croisées sont toujours traduction de la volonté de repli de la part de celui qui se ferme. Ces situations sont souvent vraisemblables, mais c'est là aller un peu vite en besogne, car il arrive aussi que la position jambes croisées soit une façon de se fermer sur son interlocuteur pour faire, *avec* lui, bloc contre l'extérieur.

Il existe donc, à côté des croisements négatifs, des croisements d'empathie. Mais voyons tout cela.

Les croisements négatifs en situation assise

En communication, la perte de l'empathie traduit le manque de concordance des partenaires. Elle peut avoir des origines diverses. Coupé de l'autre dans une discussion, l'être humain doit choisir entre trois attitudes vis-à-vis de son interlocuteur.

L'autre est soit en désaccord, soit en situation d'incompréhension, soit victime d'une absence consécutive à un défaut de concentration. Bref, il est en désaccord, à moins qu'il ne soit pas intéressé par nos propos, ou encore qu'il n'ait pas compris ce que nous lui racontions.

Le désaccord

Cette disposition est la position où le désaccord est maximal. L'être humain face à vous s'est complètement fermé et il va être difficile de communiquer avec lui, parce qu'en se reculant sur sa chaise et en fermant physiquement son corps, il a également fermé ses récepteurs sensoriels. Il s'enferme dans ses pensées. Il est trop tard pour essayer de le convaincre et il convient donc de trouver le chemin de traverse qui vous ramènera à lui.

**Je ne suis pas
d'accord.**
Je me ferme.

Sa position est celle du boxeur qui a ramené tout son corps en arrière avant de combattre et de répondre. En matière de communication, il convient de lui donner la parole pour essayer de comprendre où se situe exactement le problème. Une fois que votre interlocuteur se sera vidé de toute son acrimonie, il pourrait bien revenir à de meilleurs sentiments.

La meilleure stratégie de communication identifiée face à un interlocuteur en situation de désaccord consiste bien souvent à lui donner la parole. La question « Qu'en pensez-vous ? » est toujours une question de très bon aloi. L'interlocuteur jusque-là fermé est amené à émettre, parce qu'on les lui demande, les motifs de son désaccord. Il le fait sans agressivité parce que son désaccord a été dépisté visuellement très tôt. L'inter-locuteur, parce qu'on l'interroge, émet les raisons de son avis négatif, sans avoir à ruminer trop longtemps les ratiocinations de celui à qui l'on n'a pas donné la parole.

Le manque de concentration

Certaines personnes pensent qu'en situation d'entretien, le désaccord est la cause première de mésentente. En réalité, les choses sont beaucoup plus complexes. Le processus de concentration fait que nous ne pouvons rester concentrés en permanence. Lorsque nous sommes fatigués, nos capacités de concentration sont nettement amoindries.

Le corps est complètement détendu et nous voyons à cette attitude qu'il ne reste plus de place pour la concentration de la pensée.

Je ne suis plus là.
Je pense
à autre chose.

Généralement, corrélativement à cette attitude, l'individu regarde fixement son interlocuteur et ses paupières ne battent plus. C'est le signe patent que notre partenaire d'échange est en train de penser à autre chose.

La réponse la plus efficace à ces « décrochages de l'attention » consiste à donner la parole à notre partenaire. En prenant la parole, il devrait se redresser. S'il ne se redresse pas, il convient alors d'embrayer sur un autre sujet de conversation et d'hypothéquer nos choix dialectiques à court terme, peut-être simplement pour nous intéresser davantage à lui.

L'incompréhension

Enfin, il arrive que nous ne comprenions pas ce que nous dit l'autre. Dans ces conditions, les jambes reculent mais le haut du corps s'approche, lui, pour être davantage à l'écoute.

**Je ne comprends pas,
mais je
reste concentré**
ou
je vous écoute,
mais je suis stressé.

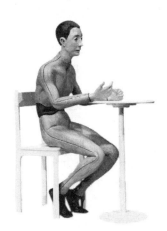

Cette position est encore la position préférée des êtres humains en situation de début d'échange. Le stress de la rencontre amène à faire disparaître les jambes derrière la chaise, mais le haut du corps est amène, car il attend quelque chose de l'échange. En cela, cette position est donc une position relativement traditionnelle.

L'observation nous apprend une chose. Il est capital en synergologie d'observer le passage d'une position à une autre, car l'instant du passage traduit le changement de disposition d'esprit. Une fois que la position est de nouveau figée, elle a beaucoup moins d'intérêt. Dans cette situation, les jambes sont importantes, car ce sont elles qui, en s'avançant, renforcent l'appétence ou, en se plaquant derrière la chaise, précisent le blocage aversif.

Mais une fois assis, l'être humain est vraiment intéressant dans une situation particulière: celle où il croise les jambes, car ces croisements de jambes différents sont révélateurs de dispositions d'esprit différentes. En l'occurrence, comme nous allons le voir maintenant, les croisements de jambes sont loin d'être tous négatifs...

Le sens du croisement de jambes révélateur de notre degré d'ouverture

Plusieurs auteurs se sont posé la question du sens du croisement de jambes sans apporter de réponse satisfaisante, et surtout de vérité sur la question. Leurs limites sont dues à trois erreurs. D'abord, ils ont postulé que le croisement de jambes était un croisement de fermeture, ce qui n'est pas toujours le cas. Ils ont ensuite raisonné comme si les deux hémisphères cérébraux étaient facteurs d'explication de ce phénomène. Enfin, ils ont cherché à rigidifier l'explication pour nous proposer un schéma formel valable de toute éternité. Ce faisant, l'explication proposée se trouve à occulter la réalité.

Pour comprendre quelles sont les règles en vigueur, il suffit simplement d'observer l'être humain en faisant attention au contexte. Cela permet de comprendre que l'être humain communique *avec* son interlocuteur et que le contexte tient une grande importance. Ainsi, lorsque nos jambes sont croisées l'une sur l'autre, dans un sens ou dans l'autre, l'explication n'est pas à chercher intrinsèquement dans le cerveau de l'individu, mais plus généralement autour de lui. Il s'agit de se demander ce qui se passe ou *qui* se trouve à côté de l'homme qui croise les jambes. L'observation à travers les images suivantes nous permet de mieux comprendre.

Apparemment, ces photos sont les mêmes ; pourtant, un regard synergologique détecte la dégradation de la situation dans cette courte scène.

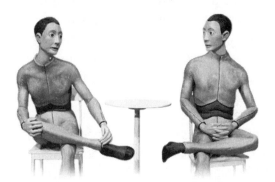

Nous sommes bien ensemble.
Nous nous refermons l'un sur l'autre.

Lorsque les individus se sentent proches les uns des autres, ils se referment les uns sur les autres pour s'isoler du monde. Leur jambe extérieure revient donc vers le centre. Le corps part en direction de l'autre, ce que traduit bien le mouvement de jambes.

Sur la deuxième photographie, au contraire, un événement, une situation préoccupent l'interlocuteur de droite. Il s'est fermé par rapport à son ami supposé. Son croisement de jambes est extérieur au croisement de l'axe de l'ami de la photo.

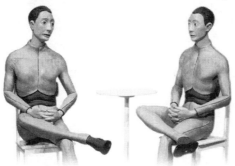

L'interlocuteur de gauche est ouvert.   **L'interlocuteur de droite est fermé.**

Sur la troisième photographie, l'inverse se produit : l'interlocuteur de gauche est extérieur à l'interlocuteur de droite. Quelque chose le préoccupe.

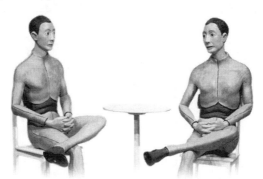

L'interlocuteur de gauche est fermé.   **L'interlocuteur de droite est ouvert.**

Enfin, sur la dernière photographie, les deux personnes visualisées sont soit antagoniques l'une à l'autre, soit étrangères l'une à l'autre.

Les deux interlocuteurs se sont fermés l'un à l'autre.

L'observation de ce mécanisme est impressionnante. En effet, à la différence du croisement de bras que les êtres humains réalisent plutôt dans un sens, le croisement de jambes se produit indifféremment dans les deux sens.

Mais les croisements de jambes sont l'occasion d'enfoncer une nouvelle fois le clou et de réaffirmer s'il en était besoin le théorème fondateur de la synergologie. À savoir que les croisements de jambes ne sont intéressants qu'au moment précis où ils se produisent. Si le corps a bougé, c'est d'abord parce qu'un mot, une manière d'être, ont blessé l'un des deux interlocuteurs et l'ont amené à se détourner.
La synergologie décrypte les attitudes individuelles et remédie aux situations grâce à l'instantanéité de l'observation permise par le regard synergologique.

Les croisements de jambes révélateurs de notre état de stress

Le croisement de jambes correspond à un passage obligé des rapports humains. Les femmes en jupe, pudiques, ont culturellement tendance, à croiser les jambes. Les hommes ne croisent pas moins les jambes, mais ce sera plus volontiers pour s'assurer une protection naturelle. À première vue, pour cette raison, le croisement de jambes est une fermeture et c'est pour cette raison principale que tous les manuels relatifs aux techniques d'entretien le déconseillent fortement en situation professionnelle. Mais c'est là une erreur doublée d'une bêtise.

Si l'homme ou la femme éprouvent le désir de croiser les jambes, il faut leur laisser croiser les jambes parce que c'est ainsi qu'ils composent « leur naturel à eux » et ne jamais oublier qu'il existe autant de bons croisements de jambes que de mauvais.

Dans le croisement de jambes, deux variables sont d'importance :

- l'amplitude du croisement de jambes ;
- le sens du croisement de jambes.

L'amplitude du croisement de jambes révélatrice du degré de confiance

Observons trois croisements de jambes.

ATTENTION, NE LISEZ ICI QUE L'AMPLITUDE DU CROISEMENT DE JAMBES ET NON SA DIRECTION.

Nous observons à travers ces trois croisements qu'un croisement de jambes traduit un état de détente intérieure plus ou moins grand. Mais reprenons.

Le double croisement

Le premier croisement, que nous appellerons également « double croisement », révèle un état de stress maximal.

Très fort stress.

L'esprit est noué et le corps est noué. À l'évidence, un être humain assis face à vous avec un tel croisement et qui vous explique qu'il est totalement détendu ou bien vous ment ou, plus sûrement encore, se ment à lui-même. Les tenants de l'école de Palo Alto désignent une parenté entre le double croisement et les maux d'estomac. Nous ne sommes pas en mesure ni de confirmer ni d'infirmer leurs dires, pour n'avoir pas opéré d'analyse systématique de ce rapport tissé, mais certaines de nos observations sont congruentes avec celles réalisées par les chercheurs américains. Il n'est en même temps pas nécessaire d'être grand clerc pour comprendre qu'un double croisement montre un état de tension important et que ce stress peut produire des dérèglements internes importants.

Les individus connaissent souvent bien mal leur physiologie et ont généralement tendance à minorer leur état de stress, simplement parce que leur mal-être relève de la chronicité. Si c'est le cas, surpris en situation de double croisement, ils risquent bien de vous jurer leurs grands dieux qu'ils se sentent parfaitement détendus.

Le croisement-cuisses

Le croisement simple au-dessus du genou est également un croisement de stress. L'individu homme ou femme qui croise ainsi les jambes n'a pas l'air détendu. C'est le croisement général des débuts d'entretien ; il devrait peu à peu se desserrer.

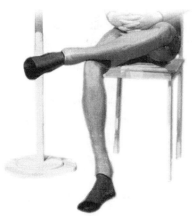

Seuil de stress.

Le sens du croisement n'entre pas ici en considération et l'observation est davantage centrée sur la hauteur du croisement de jambes.

L'homme possède une partie de son cerveau dite « paléomamalienne ». C'est la partie la plus animale de son intelligence, celle où se résolvent ses motivations instinctives. Or, l'être humain, dès qu'il est en situation de stress, programme son corps et ses jambes pour leur permettre de fuir face au danger. Les jambes sont donc systématiquement tournées vers les ouvertures disponibles. L'être marque ainsi son désir inconscient de fuite.

Le croisement aux chevilles

C'est, de loin, le plus détendu des trois croisements. La détente intérieure se traduit par une détente du corps.

Détente réelle.

Ce croisement de cheville n'est pas un croisement véritable et traduit simplement la voie d'un abandon des interlocuteurs l'un à l'autre. Quoi de plus naturel ?

À côté de ces trois croisements et avant même que nous ne prenions en considération le sens du croisement de jambes, il existe deux positions de jambes sexuées.

Position assise et image sociale

Au hasard de quelques gestes, l'éducation a imprimé sa férule sur les corps. C'est le cas de cette position féminine.

Une posture bien féminine

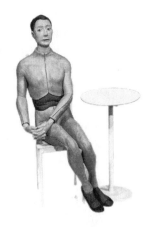

Je suis bien élevée.
Je vous le montre.

La position féminine jambes serrées est la position réservée aux femmes dans les cours de maintien. Autant cette position est esthétique pour les femmes aux jambes longues et fines, autant elle est beaucoup moins visuelle si les jambes sont plus courtes. La femme dans cette position est contrainte à se tenir très droite et, convenons-en, le fuselage des jambes dégage l'axe du buste. Cette position est d'un fort esthétisme, mais elle traduit une rigidité mal dissimulée. L'empreinte du carcan social est extrême avec cette position.

Le croisement masculin dit « à l'américaine »

Cette position est essentiellement masculine. Elle est appelée « croisement à l'américaine », parce qu'elle est avant tout visible outre-Atlantique.
Il s'agit là, pourrions-nous dire, d'un croisement importé.

Croisement d'ouverture.
Je suis très à l'aise en votre compagnie.

Ce croisement est un croisement large. Il traduit l'excellence du comportement. Le centre de gravité de l'individu se rapproche de celui de son interlocuteur. Les jambes en avant, les muscles fessiers en arrière, l'être humain peut aller très loin vers l'autre sans que son centre de gravité le fasse basculer sur son interlocuteur. Le croisement dit « à l'américaine » traduit bien le fait que tous les croisements ne sont pas des croisements de fermeture.

Ce croisement est à bannir des positions à tenir sur le sol africain, car il laisse voir la plante des pieds, avec tout ce que la semelle a pu absorber d'un sol souillé.

Il reste à voir ces quelques positions assises dans lesquelles notre interlocuteur, les pieds posés au sol, nous donne quelques indicateurs quant à son attitude.

Les jambes décroisées en position assise

L'être humain assis en face de vous ne croise pas toujours les jambes mais même s'il ne le fait pas, son attitude pieds au sol est intéressante parce que ses pieds, dans ces moments précis, ne font pas que traduire son rapport à l'espace, ils traduisent également son rapport à l'autre. Certains individus ont les pieds sur terre et pas d'autres, mais tout cela ils nous le montrent.

La stabilité des pieds sur terre

Je suis stable.
J'ai les pieds sur terre.

L'individu qui a les pieds sur terre pose **les pieds sur la terre.** Il montre par sa voûte plantaire bien à plat posée sur le sol qu'il est en situation de réceptivité. En même temps, son corps ne s'est pas abandonné du tout. Il n'est donc aucunement sous la dépendance de l'autre.

Les lutteurs, avant de s'engager au combat, mettent les pieds bien au sol, comme pour faire face. Dans cette position, la symbolique d'Antée le géant, fils de Poséidon et de Gaïa, qui tirait sa force de la terre dont il était issu, prend tout son sens métaphorique. Héraclès étouffa le géant en le maintenant en l'air. Antée s'étouffa comme s'étouffent les gens qui « perdent pied ».

La force de la soumission

**Il est plus fort
que moi ;
écoutons-le.**
Mon interlocuteur
est plus
fort que moi.

Notre interlocuteur est pris dans la position de l'enfant qui écoute. Ses épaules se sont voûtées et **ses pieds ne sont plus tout à fait posés sur le sol.** Cette position nous ramène à l'âge où le petit d'homme avait les pieds posés sur la chaise. Ses pieds ne touchaient pas le sol. Si votre interlocuteur se tient dans cette situation, c'est qu'il a créé avec vous un lien de dépendance au terme duquel vous lui êtes supérieur.

Le désir de l'autre

Dans la symbolique des rêves, la chaussure représente l'érotisme. L'être humain qui enlève sa chaussure ne fait pas qu'enlever sa chaussure. Il traduit par ce geste son désir d'aller à l'autre. En enlevant sa chaussure, il s'ouvre à l'autre parce qu'il est pleinement en confiance. Il s'ouvre à l'intériorité de l'autre.

Vous noterez que les gens qui enlèvent leurs chaussures se tiennent dans des positions où ils ne croisent plus les jambes. Et il nous est agréable de conclure dans cette situation d'appétence totale.

« Toute perception de la vérité est la découverte d'une analogie. »

Henry David Thoreau

ÉPILOGUE

POURQUOI AVOIR ATTENDU LA FIN DU XXᵉ SIÈCLE ?

La synergologie est une méthode de lecture du comportement d'autrui qui a deux grandes forces : elle est simple à comprendre et simple à appliquer.
Une question nous vient alors naturellement à l'esprit : Pourquoi a-t-il fallu attendre la fin du xxᵉ siècle pour mettre le doigt sur une méthode de lecture du comportement si simple à comprendre et si facile à appliquer ?

La science se construit en proposant des paradigmes, c'est-à-dire de nouvelles hypothèses pour rendre compte du fonctionnement du monde. Ces paradigmes concepteurs aident la science à progresser, parce qu'ils ont un sens à un moment donné. Et puis, un jour, ils deviennent limitatifs, ils deviennent des idées reçues parce qu'ils empêchent la production d'idées nouvelles... jusqu'à la production de nouveaux paradigmes. Bref, il est peut-être temps de revenir sur quelques idées reçues, et notamment sur deux d'entre elles.

Premier paradigme : le corps instrument de l'instinct

La synergologie prend comme objet d'étude le corps à travers ses microgestes. Or, le langage du corps a été largement sous-étudié, parce qu'il fait les frais de la rupture nature/culture instituée malgré lui, contre lui. Le corps fonctionnel qui s'exprime est bien différent du corps organique de la médecine traditionnelle. Il est une affaire entendue : le corps n'exprime pas la pensée. C'est la tâche noble du langage.
Historiquement, la rupture définitive entre le corps et l'esprit prend pour le monde occidental sa source dans le christianisme.

Cette religion érigée très vite en système de pensée est apparue en s'opposant à la luxure romaine. Elle prône, dès l'origine, l'ascétisme. Le christianisme voulait ignorer le corps et cachait sous de lourds habits ses disciples les plus fervents, les prêtres. La Bible reste très discrète sur les plaisirs de la chair au paradis. Le corps dérange la raison parce qu'il a une vie intérieure.

Ainsi, les rigueurs de notre système de pensée influencent, bien plus directement que nous ne pourrions le penser, notre mode de vie. Personne ne trouve bizarre par exemple que des parents entretiennent avec leurs enfants, durant les deux premières années au moins de la vie de leurs chérubins, des rapports presque uniquement fondés sur les mimiques, la gestuelle, le toucher ; et que, du jour au lendemain, parce que les enfants accèdent à une parole codée, le langage du corps ne devienne plus dans les rapports parents/enfants qu'un murmure s'éteignant.

Parents et enfants avaient pourtant acquis ensemble une efficacité redoutable dans leur communication corporelle. Observez la mère avec son nouveau-né : elle demande explicitement à son enfant de se nourrir en avançant son sein et en lui souriant, elle le caresse. Lorsqu'il pleure, elle fait précéder son « chut » d'un doigt sur sa bouche. Elle l'appelle en lui ouvrant les bras, lui refuse une sucrerie en croisant ses bras. L'enfant ne sait pas encore parler mais dans son univers, les adultes, autour de lui, en face de lui, croisent et décroisent les jambes, se redressent, oscillent de la tête, rient, bâillent, se serrent la main, s'embrassent, se giflent, se prennent dans les bras, passent la main dans leurs cheveux, se grattent inconsciemment, sans cesser de parler. L'enfant oubliera ce premier abécédaire des corps, petit à petit, en entrant dans le langage des mots, mais tous ces gestes appris à son insu, il les reproduira pourtant lui aussi sa vie durant ; ils sont son univers, la cartographie de son cerveau.

Plus tard, devenu Homme, s'il a la chance de découvrir l'amour, il redécouvrira avec lui le langage des sens expérimentés dans l'enfance. Deux amants savent mieux que tous les traités que nos corps sont susceptibles seuls d'échanger des informations et que le cerveau n'est plus alors qu'un décodeur, presque un effet de la cause corporelle.

Le corps, noyé sous la crête d'une vague de puritanisme, est ainsi peu à peu tombé en désuétude, simplement parce qu'il est objet de désir. Au xviiie siècle, les philosophes parlaient d'ailleurs de nos désirs comme « d'esprits animaux ». Dans de nombreuses contrées françaises, jusque dans les premières années de notre siècle, les femmes portaient la nuit, pour dormir, des chemises à trou, chemises de nuit fendues d'une ouverture à l'endroit du bas-ventre, pour que leur corps ne soit pas bestialement en contact direct avec le corps de l'homme et qu'ils puissent tout de même, çà et là, satisfaire aux instincts de la race. L'acte sexuel étant devenu un labeur, l'oubli du corps était peu à peu devenu la règle.

Le corps n'est redevenu objet d'étude que depuis une vingtaine d'années sous l'impulsion de chercheurs découvrant, avec l'outil de la caméra, la force et l'impact de nos corps dans l'acte de communication. La synergologie marche dans leurs brisées, et nul doute que les enseignements des théoriciens des écoles de Palo Alto, de Philadelphie et de Santa Cruz, pour citer trois institutions parmi les plus prestigieuses, entrent pour part dans les acquis de nos travaux. Ils permettent à la synergologie d'écouter le corps bouger et de voir dans cette expression davantage qu'un babillage.

Deuxième paradigme : la raison est plus « raisonnable » que le sentiment

La synergologie s'intéresse aux sentiments, qu'elle promeut au statut d'objets d'étude scientifique. Or, notre éducation survalorise la culture pour libérer l'homme de ses instincts et, avec eux, de ses sentiments. Depuis Descartes et le xviiie siècle, la raison, ce qui fait que nous sommes raisonnables, se construit contre nos sentiments. Cette césure permit de clore un certain nombre de débats dans une querelle où, pour une fois, empiristes et rationalistes étaient unanimes à penser que l'homme « raisonnable » s'élève face et contre l'animalité de ses sentiments. Seulement, aujourd'hui, nous sommes assez loin des fondements de la raison humaine et le débat sur le rôle des sentiments pour la compréhension de l'homme nous renvoie plutôt au hangar des idées reçues.

Peut-on, en effet, dire encore aujourd'hui que nos sentiments nous empêchent d'être raisonnables ? Nous savons en effet que les individus ne ressentant plus d'émotions à la suite de chocs lésionnels sont également rendus inaptes à faire des choix et à prendre des décisions raisonnables alors qu'ils restent capables de remplir toutes les autres tâches logiques. Nous sommes donc invités à bâtir l'image de « l'honnête homme » du XXIe siècle comme celle d'un être capable d'être raisonnable, précisément et uniquement, parce qu'il ressent des émotions vives, qui le touchent et le motivent à faire des choix raisonnables. Ainsi, si depuis trois siècles les sentiments cherchent à se frayer la voie d'une reconnaissance, qu'ils n'ont guère trouvée que dans la poésie, les choses pourraient bien aller différemment dans l'avenir.

Certains d'entre vous se demandent sans doute pourquoi il est si important pour l'avenir de la synergologie que les sentiments puissent accéder au statut d'objet scientifique.
Si cette méthode est conçue comme une série de « recettes corporelles » à l'usage de la communication, il n'est pas nécessaire de lui trouver d'autre témoignage que notre bonne foi. Si, par contre, la synergologie décide de se fonder comme force de propositions pour une lecture différente des rapports humains, son efficacité reste liée à un certain nombre de présupposés. En l'occurrence, si le cerveau peut contrôler sans failles le corps et lui procurer tous ses désirs, le corps sous contrôle peut mentir à loisir et l'étude de ses expressions perd toute signification. Par contre, si l'homme est un individu ressentant les émotions provoquées par les sens, s'il reste à l'écoute de ses émotions et qu'elles le guident sur le chemin de la raison, le corps traduit alors ses émotions, et nous, stylo en main, les yeux grands ouverts, nous pouvons le regarder et l'écouter. La synergologie n'est rien que la lecture de cette traduction.

En cela, la synergologie est un outil de lecture des motivations d'autrui à travers ses attitudes corporelles. Un outil de développement personnel à l'usage de chacun, un outil de tolérance à l'usage de tous.

CHARTE DE LA SYNERGOLOGIE

Un bon synergologue est d'abord un observateur.

1 Il ne se précipite pas dans le lexique des gestes dès qu'il a observé une attitude ou une mimique. Il cherche plutôt à ne rien oublier du contexte du geste.

2 Il part toujours du point de vue général pour aller vers le point de vue particulier.

3 Il ne porte pas de jugement moral sur les observations.

4 Il traite avec humilité ses propres observations, car il peut toujours avoir oublié l'analyse d'un paramètre.

5 Il traite dans le silence ses observations.

6 Il n'y a pas d'évaluation de l'autre sans évaluation de soi. Les gestes négatifs de l'autre ne sont peut-être qu'une réponse négative à nos propres attitudes négatives.

7 Il n'oublie pas que ses partenaires sont d'abord des partenaires et pas des sujets d'étude.

8 Le synergologue note mentalement ce qu'il observe. Il aura tout le temps du retour-sur-soi pour l'analyse.

9 Le synergologue oublie la synergologie lorsqu'il est en situation d'échange. Ce qu'il sait vraiment lui reviendra sans qu'il ait à le susciter.

10 Ce qu'il ne sait pas, il l'observera au contact de l'autre et l'intégrera plus tard dans l'étape de retour-sur-soi.

11 Le synergologue sait qu'on ne change jamais l'autre, mais qu'on peut changer de lunettes pour le regarder.

Là encore, tout est affaire de temps.

OUVRAGES DE RÉFÉRENCE

Ackerman Diane, *Le Livre des sens*, Paris, Le Livre de poche.

Ali Sami, *Corps réel et corps imaginaire*, Paris, Dunod, 1984.

Bateson G., Jackson D., Haley D., Weakland J., *Towards a theory of schizophrenia*, Behavioral science, 1956.

Bateson Grégory, *Vers une écologie de l'esprit*, Paris, 2 t, Seuil, 1977.

Beauvois Robert et Vincent Joule, *La psychologie de la soumission*, Presses Universitaires de Grenoble.

Bernstein I. S., Rose R. M., Gordon T. P. « Behavioral and environmental events influencing primate testosterone levels », *Human Evolution 3*, 1974, pp. 517-525.

Birdwhistell R.L., *Kinesics and context : essays on body motion communication*, Philadelphia, University of Pennsylvania Press, 1970.

Birnbaum Pierre et Jean Leca (dir.) *Sur l'individualisme*, Paris, Presses de la FNSP, 1986.

Bourdieu Pierre, *La Reproduction*, Paris, Éditions de Minuit.

Bourdieu Pierre, *La Distinction : critique sociale du jugement*, Paris, Éditions de Minuit, Coll. « Le sens commun », 1979, 669 pages.

Bourdieu Pierre, *Le Sens pratique*, Paris, Éditions de Minuit, Coll. « Le sens commun ».

Boutonier Juliette, *Les Dessins des enfants*, Paris, Éditions du scarabée, préf. de Gaston Bachelard, 1971.

Braconnier Alain, *Le Sexe des émotions*, Paris, Odile Jacob, 1996.

Brulard Maxence, *Ces gestes qui séduisent*, Genève, Paris, Jouvence, 1996.

Cady S., *Latéralité et image du corps chez l'enfant*, Paris, Bayard, 1989.

Clerget Joël, *La Main de l'Autre*, Toulouse, Eres, 1997.

Cosnier Jet A.Brossard, *La Communication non verbale*, sous la direction de Delachaux et Niestlé, Lausanne, 1993.

Coué Émile, *La Méthode Coué*, Paris, Renaudot et Cie, 1989.

Courtine Jean-Jacques et Claudine Haroche, *Histoire du visage : exprimer et taire ses émotions xvi*e *début xix*e *siècle*, Paris, Payot, 1994.

Cyrulnik Boris, *L'Ensorcellement du monde*, Paris, Odile Jacob, 1997.

Cyrulnik Boris, *Sous le signe du lien*, Paris, Hachette, Coll. « Histoire et philosophie des sciences », 1989, 319 pages.

Cyrulnik Boris, *De la parole comme d'une molécule*, Paris, Seuil, Coll. « Points », 1995.

Damasio Antonio, *L'Erreur de Descartes*, Paris, Odile Jacob, 1997.

Doise W. et S. Moscovici, *Current issues in european psychology*, Cambridge University Press, 1983.

Elster John, *Leibniz et la formation de l'esprit capitaliste*, Paris, Aubier Montaigne, 1975.

FREUD SIGMUND, *Trois essais sur la théorie de la sexualité*, Paris, Gallimard, 1962.

FREY S., *Organization of behavior in face-to-face interaction*, Mouton, 1975.

FREY S., JORNS U., DAW W., *Ethology and non verbal communication in mental health*, Ouvrage duquel a été tiré : « A systematic description and analysis of non verbal interaction between doctors and patients in a psychiatric interview » , New York, Pergamon Press, 1981.

GARDNER HOWARD, *Frames of mind*, New York, Basic Books, 1983.

GAZZANIGGA MICHEL, *Le Cerveau social*, Paris, Odile Jacob, Coll. « Opus », 1996.

GOLEMAN DANIEL, *L'Intelligence émotionnelle*, Paris, Robert Laffont, 1997.

GRAFMAN J., PASSAFIUME D., FAGLIONI P., BOLLER F., « Calculation disturbances in adults with focal hemipher damage ».

HALEY JAY, *Un thérapeute hors du commun : Milton H. Erickson*, Paris, Epi, 1984, 383 pages.

HALL EDWARD, *Dimension cachée*, Paris, Seuil, Coll. « Points ».

HALL EDWARD, « Les Concepts de la communication interculturelle », Paris, *Les cahiers de psychologie sociale,* 24, 1986.

HARVEY JOAN et CYNTHIA KATZ, *Sous le masque du succès*, Montréal, Le Jour éditeur, 1986, 218 pages.

LABORIT HENRI, *L'Agressivité détournée*, Paris, UGE, 1970.

LABORIT HENRI, *La Nouvelle grille*, Paris, Robert Laffont, 1974.

LABORIT HENRI, *Éloge de la fuite*, Paris, Robert Laffont, 1976.

LACAN JACQUES, *Écrits*, Paris, Seuil, 1966.

LAING RONALD, *Soi et les autres*, Paris, Gallimard, 1972.

LARROCHE MICHEL, *Mes cellules se souviennent*, Paris, Guy Trédaniel, 1994.

MARCHAL GUY, *Connaissance du corps humain*, Paris, Épigones, 1994, 453 pages.

MENDOZA, JEAN-LOUIS JUAN DE, *Cerveau droit cerveau gauche*, Paris, Flammarion, Coll. « Dominos », 1995.

MESSINGER JOHN, *Ges gestes qui vous trahissent*, Paris, First, 1995.

MINKOVSKI E., *Les Dessins d'enfants dans l'œuvre de Françoise Minkovska*, Ann Medi Psyc Dec, 1952, pp. 711-712.

MORIN DR GÉRARD, *Les rêves et le langage du corps,* Paris, Dervy, 1989.

MORRIS DESMOND, *La Clé des gestes,* Paris, Grasset, 1979.

MORRIS DESMOND, *Le Couple nu,* Paris, Le Livre de poche.

NIETZSCHE FRIEDRICH, *Vérité et mensonge au sens extra-moral,* Paris, Montréal, Leméac/ Actes Sud, Coll. « Babel », 1998.

PLATTEAU GENEVIÈVE, « L'Utilisation du corps dans la formation en thérapie familiale », *Thérapie familiale,* vol. 18, 2, pp. 141-163.

RAINVILLE CLAUDIA, *Métamédecine : La guérison à votre portée*, Canada, FRJ, 1995.

ROBBINS ANTHONY, *L'Éveil de la puissance intérieure*, Montréal, Le Jour éditeur, 1991.

ROBERT-OUVRAY SUZANNE B., *Intégration motrice et développement psychique*, Paris, Desclée de Brouwer, 1997.

ROSENTHAL ROBERT, « The PONS test : Measuring Sensitivity to Nonverbal cues » in Mac Reynolds, *Advances in Psychological Assessment,* San Francisco, Jossey Bas, 1977.

ROSTAND EDMOND, *Cyrano de Bergerac,* Paris, Le Livre de poche.

SELYE HANS, *The stress of life,* New York, MacGraw-Hill, 1956.

SIGNER M., *The behavior of communicating : an ethological approach,* Cambridge, Mass., Harvard UniPress, 1977.

DE SOUZENELLE ANNICK, *Le Symbolisme du corps humain,* Paris, Albin Michel, 1991.

SPEERMANN ZAIDEL, « Left and Right Intelligence : Cas studies of Raven's Progressives matrices following brain bisection and hemidecortication », *Cortex,* 1981.

SULGER FRANÇOIS, *Les Gestes-vérité,* Paris, Sand, 1996.

TOMATIS ALFRED, *L'Oreille et la vie,* Paris, Laffont, 1987.

TOMATIS ALFRED, *L'Oreille et le langage,* Paris, Seuil, 1991.

VINCENT JEAN-DENIS, *Biologie des passions,* Paris, Odile Jacob, 1986.

WATZLAWICK PAUL, *La Réalité de la réalité,* Paris, Seuil, 1973.

WATZLAWICK PAUL, *Une logique de la communication,* Paris, Seuil, 1972.

WINKIN YVES, *La Nouvelle communication,* Textes de Bateson, Birdwhistell, Goffman, Hall, Jackson, Scheflen, Sigman, Watzlawick, Paris, Seuil, Coll. « Essais », 1981.

LEXIQUE

Appétence : Tendance agréable à « aller vers » traduite par les micromouvements correspondants.

Appétence latitudinale : Micromouvements d'ouverture s'exprimant latéralement.

Appétence longitudinale : Micromouvements d'ouverture s'exprimant vers l'avant.

Attitude intérieure : Degré de stress lu à travers les indicateurs non verbaux.

Aversion : Tendance désagréable consistant à « se détourner » traduite par les micromouvements correspondants.

Aversion longitudinale : Micromouvements de fermeture s'exprimant vers l'arrière.

Aversion latitudinale : Micromouvements de fermeture s'exprimant vers le centre du corps.

Microdémangeaison : Démangeaisons non conscientes produites par une vasodilatation des vaisseaux sanguins et tenant leur origine dans l'inhibition d'une réaction.

Microfixation : Attitude de concentration symbolisée par une position du corps immobile.

Microcaresse : Caresse auto-adressée dont l'origine est dans le désir d'un rapport fusionnel avec l'autre.

Micromouvements : Gestes non conscients et subreptices.

Mouvements de projection : Mouvements actifs de projection de son image.

Mouvements de réaction : Mouvements produits en réaction au discours de l'autre.

Partenaire : Terme synergologique induisant que les parties prenantes à un échange ou à une négociation sont toujours systématiquement des partenaires, car chacun peut toujours faire le choix de refuser de négocier ou d'échanger.

Retour-sur-soi : Il permet de ne jamais oublier qu'en situation d'échange, nos proches ne sont pas des sujets d'étude, mais des partenaires et que l'étape de l'observation a lieu dans un temps différent.

Statue : Observation visuelle de notre partenaire s'attachant à saisir les caractères les plus généraux de son attitude.

Sujet d'étude : Analyse de notre partenaire réalisée lors de l'étape du retour-sur-soi.

TABLE DES MATIÈRES

SYNERGOLOGIE, POUR ALLER PLUS LOIN...

Les formations

Développement personnel

Comprendre l'autre pour communiquer vraiment, c'est apprendre à se connaître.
La **synergologie,** méthode globale de communication, est un véritable outil de compréhension des mécanismes de la relation et des enjeux qui la sous-tendent.

Développement professionnel

Chaque être humain est éduqué pour jouer un rôle.
L'efficacité de l'entreprise exige que chaque collaborateur joue son rôle.
La **synergologie** conjugue mise en cohérence de l'action et optimisation des moyens humains au service d'une communication claire et efficace.
La **synergologie** est au cœur de l'entreprise : au service du conseil en management et en réponse aux besoins de formation.

Synergologie & management
Synergologie & communication commerciale
Synergologie & communication professionnelle et individuelle
Cycle de Synergologie : Initiation, Niveau 1, Niveau 2
Organisation de sessions de groupe et élaboration de plan de formation individuelle.

Conférences, Tables rondes, Colloques

Philippe TURCHET intervient et anime des séminaires sur le thème de la communication.
N'hésitez pas à nous contacter.

Vous souhaitez :

• Faire part de vos remarques, obtenir des informations ou tout simplement correspondre avec l'auteur.

• Acquérir **le CD-ROM.**

• Acquérir le livre en version anglaise: ***Synergology : the body's hidden language.***

Contactez-nous:

T.F.COM Éditions
Technoparc Pays de Gex
15, rue André-Lumière
01630 – Saint-Genis Pouilly (France)

tél. 04.50.28.26.65
téléc. 04.50.28.26.68

Courriel : Synergologie@tfcom.com
Internet : http://www.synergologie.com

Cet ouvrage a été achevé d'imprimer
au Canada en février 2001.